Ruth Bré

Wir haben kein Vaterland!

Edition Ruth Bré

Bd. 7

Ruth Bré

Wir haben kein Vaterland!

Patriarchatskritische Texte
1903 – 1911

Herausgegeben von Dr. Julia Polzin

Bibliografische Information der Deutschen Nationalbibliothek: Die Deutsche Nationalbibliothek verzeichnet diese Publikation in der Deutschen Nationalbibliografie; detaillierte bibliografische Daten sind im Internet über dnb.dnb.de abrufbar.

© 2018 Julia Polzin
Herstellung und Verlag: BoD – Books on Demand, Norderstedt

ISBN 9783748126249

Editorische Notiz

Diese Texte entsprechen den Erstausgaben.
Die ursprüngliche Schreibweise und Zeichensetzung wurden bewusst beibehalten.

Zu Ruth Bré (1862-1911)

Der Name Ruth Bré ist ein Pseudonym. Ihr Geburtsname war Elisabeth Bouness – zumindest wurde dieser Name in die Amtsbücher eingetragen, denn sie wurde unehelich und heimlich geboren. Unter falscher Identität erlebte sie eine entbehrungsreiche Kindheit in einem schlesischen Bergdorf.

1883 schloss Bouness in Breslau ein Lehrerinnenseminar ab, das üblicherweise ambitionierten Bürgerstöchtern vorbehalten war. Der Lehrerinnenberuf war mit der sogenannten Zölibatsklausel belegt, für deren Abschaffung sich Bouness, die ihre unfreiwillige Kinderlosigkeit bereute, zeitlebens einsetzte. Als Dichterin märchenhafter Geschichten genoss Bouness Erfolge, der ersehnte große künstlerische Durchbruch gelang ihr jedoch nicht. Nach ihrem Austritt aus dem Schuldienst veröffentlichte sie unter dem Pseudonym Ruth Bré polarisierende frauenrechtlerische Kampfschriften, die sie im ganzen Reich bekannt machten. 1904 gründete Bré den *Bund für Mutterschutz* und bezeichnete sich in Abgrenzung zu den – ihrer Meinung nach zu vorsichtigen – Frauenrechtlerinnen als Mutterrechtlerin. Brés radikale Forderungen und Ideen wie die der Wiedereinführung des Mutterrechts, matriarchale Parallelgesellschaften auf dem Lande und vorsätzlich herbeigeführte uneheliche Geburten machten sie zu einer der meistgehassten, aber auch verehrten Frauenrechtlerinnen im Kaiserreich.

Zu den Texten

Das Werk Ruth Brés ist nur zum Teil überliefert. Verschollen sind vor allem ihre Dichtungen: namentlich bekannte Theaterstücke, Erzählungen und Gedichte. Die vorliegende Sammlung stellt eine Auswahl ihrer publizierten Texte von 1903-1911 dar, die ihren gesellschaftspolitischen Kampf und ihre Entwicklung zur Frauen- bzw. Mutterrechtlerin dokumentieren. So entstand *Kaiserworte* noch in ihrer Berufszeit als Lehrerin und zeugt von ihrer Verbundenheit mit der Monarchie und ihrer Institutionen. *Nochmals das Recht auf die Mutterschaft* ist Brés Antwort auf eine abschätzige Beurteilung ihrer patriarchatskritischen Kampfschrift *Das Recht auf die Mutterschaft*. Sie macht Brés Radikalisierung und ihre anfängliche – zumindest offizielle – Isoliertheit innerhalb der ersten deutschen Frauenbewegung deutlich. Die Artikel zur Verteidigung ausgegrenzter und schuldig gewordener Mütter führten zu aufsehenerregenden Gerichtsprozessen. Brés scheinbar letzte Streitschrift *Zunächst neue Ehegesetze!* erschien in einem gemeinsamen Manifest wortführender radikaler Frauenrechtlerinnen, die die Ehe infrage stellten. Kurz vor ihrem Tod durfte Bré noch erleben, wie sich eines ihrer Nahziele verwirklichte: die Einrichtung eines modernen Mutterschutzhauses – begrüßt in einem Vorwort –, das Müttern ermöglichte, ihre Kinder zu behalten.

Dr. Julia Polzin

Ruth Bré

Wir haben kein Vaterland!

Patriarchatskritische Texte
1903-1911

Inhaltsverzeichnis

1 *Kaiserworte. Fürsorgegesetz und Lehrerschaft. Betrachtungen aus Liebe zum Vaterlande* erschien 1903 im Verlag der Frauen-Rundschau, deren Redakteurin Helene Stöcker (1869-1943) war – zuerst Ruth Brés Verbündete, später ihre Gegenspielerin. Hier schreibt noch die pflichttreue Breslauer Lehrerin Elisabeth Bouness, die aber im selben Jahr ihren Beruf aufgibt und unter dem Pseudonym Ruth Bré als Mutterrechtlerin und Patriarchatskritikerin bekannt wird.

Kaiserworte
Fürsorgegesetz und Lehrerschaft
Betrachtungen aus Liebe zum Vaterlande

Einleitung.

> „Die Jugend verroht.
> Der Respekt vor der Autorität
> fehlt. Von der Schule beginnend,
> muß hier durch die Gesetzgebung
> Wandel geschaffen werden.“
>
> Kaiser Wilhelm II.

Die Königliche Regierung hatte durch Verfügung vom 10. Mai 1901 für die Verhandlungen bei den General-Lehrer-Konferenzen desselben Jahres die Aufgabe gestellt:

> „In welcher Weise kann der Lehrer an der Ausführung
> des Gesetzes über die Fürsorgeerziehung Minderjähriger
> vom 2. Juni 1900 förderlich mitwirken?“

Das Fürsorgegesetz ist ein Erziehungsgesetz, zwar noch kein allgemeines, vielleicht aber der erste Schritt zu einem allgemeinen

Erziehungsgesetz, wie z. B. Norwegen es hat und Oesterreich es vorbereitet.

Die Lehrer und Lehrerinnen konstatieren als berufsmäßige Erzieher mit Befriedigung, daß man sie zur Aeußerung über dieses Gesetz auffordert. Sie sind zwar bei dem Zustandekommen des Gesetzes nicht gefragt worden, aber sie sollen wenigstens bei der Ausführung gehört werden: also immerhin ein Fortschritt, der hoffentlich beiden Teilen, den zu Erziehenden wie den Erziehern, zum Nutzen gereichen wird, zumal dann, wenn man die Lehrer und Lehrerinnen nicht nur hören, sondern ihren Stimmen auch einiges Gewicht beilegen sollte.

Wollen Lehrer und Lehrerinnen wahrhaft fördernd zu den Zielen des Gesetzes beitragen, so werden sie nicht lediglich an den Ausdruck „Ausführung des Gesetzes" halten dürfen, denn dann wäre dieses Thema mit drei Sätzen abgethan. Sie werden tiefer in den Sinn des Gesetzes eindringen, auf seine Entstehungsursachen zurückgehen und das Ziel, den Zweck desselben ins Auge fassen müssen.

Für diese Betrachtung möchte ich folgende Disposition aufstellen:

I. Teil.

a) Welche Erscheinungen haben das Fürsorgegesetz hervorgerufen?

b) Welches sind die inneren Ursachen zu diesen äußeren Erscheinungen?

II. Teil.

a) Wie sind diese Erscheinungen zu beseitigen?

b) Wie kann der Lehrer, die Lehrerin zur Erreichung der Ziele des Gesetzes förderlich mitwirken?

Die Ausführung läßt sich ganz genau an ein Wort des Kaisers angliedern nach den unglückseligen Attentaten in Breslau und Bremen, als eine tiefe, seelische Verstimmung sich des Monarchen bemächtigt hatte:

„Die Jugend ist verroht.
Der Respekt vor der Autorität fehlt. Von der Schule beginnend, müsse hier durch die Gesetzgebung Wandel geschaffen werden.“

*

Erster Teil.

a) Welche Erscheinungen haben demnach das Fürsorgegesetz hervorgerufen?

Antwort des Kaisers:

„Die Verrohung der Jugend." Antwort des Gesetzes:

„Um der beständig wachsenden Kriminalität, Verwahrlosung und Verrohung unter der Jugend vorzubeugen."

Man sieht, die beiden Antworten decken sich so ziemlich. Das Gesetz ist etwas ausführlicher. Es giebt die Steigerungsgrade an, zu denen die Verrohung führt.

Ist die Verrohung der Jugend augenfällig?

Bedingungslos: ja!

Wer's nicht glauben will, der gehe hinaus auf die Straße und schaue sich nur z. B. das oft zügellose Treiben der lieben Jugend bei ihren Spielen an. Es wird alles Mögliche gethan, um das Jugendspiel in edlerer Weise zu pflegen. Aber sieht man jemals Kinder, zumal Knaben, wenn sie sich selbst überlassen sind, diese erlernten Spiele ausüben? O, nein! Diese sind ihnen viel zu „dumm", d. h. zu gesittet, zu zahm. „Spielen" ist bei ihnen gleichbedeutend „Toben, Brüllen, Rasen, Stoßen".

Wehe den Passanten, die nicht höflichst ausweichen oder die es gar wagen, solche Unarten in noch so gemäßigtem Tone zu rügen!

Sie werden sich freuen über die Redensarten, die sie zu hören bekommen, wenn sie etwa ihre Autorität, die absolute Autorität, die ein Erwachsener einem Kinde gegenüber haben müßte, erproben wollen. Das Sprichwort: „Du sollst das Alter ehren!" ist aus der Mode gekommen.

Man beobachte ferner die Kinder einmal, wenn sie Händel mit einander bekommen. Man höre die fürchterlichen Schimpfworte, die oft von solcher Gemeinheit sind, daß uns wohl der ganze Sinn nicht einmal aufgeht. Man beobachte sie, wenn sie zu Thätlichkeiten übergehen.

In unserer Kindheit haben Knaben und vielleicht auch einmal Mädchen sich ebenfalls gebalgt und einander mit einem gelinden Stoße in den Sand gestreckt. Heute ist's damit nicht abgethan. Die Kinder werfen einander mit Steinen, und im Handgemenge reißt einer dem anderen die Sachen vom Leibe und zieht nicht selten das Messer, wie es voriges Jahr sogar in einem Schulhofe geschehen ist. „Brandzettel" werden von Schulkindern in einzelnen Häusern niedergelegt, deren erschreckte Inwohner auf diese Weise aufmerksam gemacht werden, daß das Grundstück demnächst abbrennen wird.

Eine Gerichtszeitung erzählt am 22. Februar 1903 von einer jugendlichen Räuberbande in Breslau, deren Hauptmann 10 Jahre alt ist, und der seine meist älteren Kameraden zu Straßenraub an Kindern, sowie zu allerlei Diebstehlen anhält, auch auf Friedhöfen, an Grabornamenten u. s. w. – Der „Hauptmann" wanderte in die Besserungsanstalt, während ein 13 jähriger Kamerad 9 Monate Gefängnis erhielt.

Ungezählt sind die Fälle von Beschädigungen privaten Eigentums, von Denkmalsbeschädigungen, Baumfrevel und entsetzlichen Tierquälereien. Ein Knabe fing eine zahme Taube und warf sie wiederholt auf das Pflaster, bis sie ganz und gar zerschmettert war. Ein Bursche schnitt einer Katze das Fell auf und zog es ihr teilweise vom Körper ohne das bejammernswerte Tier zu töten. Das sind solch' bestialische Roheiten, daß man sich nur fragen kann: Kommt irgend ein wildes Tier einer solchen menschlichen Bestie gleich?

b) Fragen wir uns nun: wer oder was hat diese unerhörte Verrohung verschuldet, so kommen wir zu der Antwort des Kaisers:

„Der Respekt vor der Autorität fehlt."

Die Antwort des Gesetzes lautet:

„Die Ursachen der steigenden Kriminalität sind in unseren sozialen und wirtschaftlichen Verhältnissen zu suchen. Heute sind einerseits die Eltern in weit größerem Maße als früher genötigt, ihren Erwerb außerhalb des Hauses an entfernten Arbeitsstellen und in Fabriken zu suchen und dadurch nicht in der Lage, die elterliche Zucht streng und dauernd aufrecht zu erhalten; andererseits entbehrt ein großer Teil der Jugendlichen, dem täglichen Broterwerb nachgehend, der Ordnung einer häuslichen Gemeinschaft und stürmt, früh selbstständig geworden, zügellos in das Leben hinein."

Hier decken sich also die Antworten des Kaisers und des Gesetzes n i c h t. Aber sie ergänzen einander. Sie bilden zusammen erst die g a n z e Antwort.

Ich möchte hier mit der Antwort des Gesetzes beginnen und zwar mit dem zweiten Teile derselben, welcher besagt, daß Kinder, welche früh dem Broterwerb nachgehen, sittlich gefährdet sind.

Dem kann ich nicht zustimmen.

Die Kinder.

Die Kinder, welche früh zur Arbeit herangezogen werden, sind es durchaus nicht, die verrohen und verwahrlosen, sondern vielmehr die unbeschäftigte, die bummelnde Jugend ist es. Der Knabe, der Semmeln trägt, das Mädchen, das mit Zeitungen geht oder Geschwister bezw. fremde Kinder hütet oder sonst eine nützliche Beschäftigung vorhat, verroht nicht oder doch nicht im entferntesten in dem Maße, wie die unbeschäftigten, nicht zur Arbeit angehaltenen Kinder, die sich auf der Straße, in Höfen, auf Treppen, in Kellern und Schlupfwinkeln oder auf Feldern, an Bahndämmen u.s.w. unbeaufsichtigt herumtreiben, oft mit Spielen beschäftigt bei denen sich dem halbwegs gesitteten Menschen die Haare sträuben. Sehr begünstigt werden diese „Spiele" durch den 8 Uhr-Anfang während einiger Sommermonate, wodurch den Kindern der „geist- und herzerquickende Aufenthalt in der Abendkühle" ermöglicht ist, wie eine Zeitung so rührend sagte. Wer sich über den Charakter dieses „geist- und herzerquickenden Verweilens in der Abendkühle nach

Sonnenuntergang" eine Meinung bilden will, der braucht nur einmal an Sommerabenden die Knaben und Mädchen auf den Feldern hinter unseren Vorstadtstraßen zu beobachten.

Laufen somit unbeschäftigte und unbeaufsichtigte Kinder Gefahr (vergleiche die jugendliche Räuberbande), so bildet sich dagegen in den zur Arbeit angehaltenen Kindern oft frühzeitig ein Charakter. Man nimmt einen freudigen Stolz wahr über ihre kleinen Arbeitsleistungen, über das verdiente Geld, über einen für selbstverdientes Geld beschafften Gegenstand oder über ihre kleinen Sparpfennige. „Der Mutter etwas borgen können," das ist so ziemlich der Gipfel ihres Stolzes.

Wenn man nur sein Augenmerk darauf richtet, die Kinder thunlichst vor der Ueberanstrengung zu schützen, dann kann die Arbeit den Kindern nur zum Segen gereichen und sie gerade vor der Entwickelung schlechter Triebe und vor schlechter Gesellschaft, für welche sie alsdann nicht die Zeit finden, bewahren.

Die Eltern.

Wenn das Gesetz in Bezug auf die Eltern sagt, daß sie unter den heutigen Verhältnissen nicht in der Lage sind, die elterliche Zucht fest und dauernd aufrecht zu erhalten, so müssen wir diesen Satz näher beleuchten. Wir müssen untersuchen, warum sie nicht in der Lage sind.

Die Eltern haben die Erziehungspflicht ihren Kindern gegenüber. Das muß ihnen durchaus klar gemacht werden,

18

damit sie nicht denken, es genüge, die Welt mit Kindern zu beglücken und die Sorge für dieselben nach und nach von sich abzuwälzen.

Wenn sie ihrer Erziehungspflicht nicht nachkommen, so müssen sie durch das Gesetz dazu gezwungen werden. Dieser Zwang wird sich je nach den Ursachen ihrer Pflichtversäumnis mildern oder verschärfen müssen.

Das Gesetz spricht nur von einer Klasse von Eltern: von denen, die „durch Broterwerb außer dem Hause verhindert sind, ihre Kinder zu erziehen."

Das wären also erstens: die Behinderten. Es wird zu untersuchen sein, in wieviel Fällen thatsächlich beide Eltern täglich außer dem Hause sind. Eine Zählung in verschiedenen Schulen und zwar in verschiedenen Stadtteilen dürfte den Durchschnitt für den jeweiligen Ort bald ergeben. In meiner gegenwärtigen Klasse ist nicht ein einziges Kind, dessen Eltern täglich beide außer dem Hause wären.

Die in der That nachweisbar behinderten Eltern dürften sich aus den Volksschichten rekrutieren.

Die zweite Gruppe sind die bequemen Eltern. Diese rekrutieren sich aus dem Volke und aus den höheren Ständen. Die bequeme Mutter aus dem Volke ist entschuldbarer als die bequeme Mutter aus höheren Ständen. Es wird von der Frau aus dem Volke zu viel verlangt, oft mehr, als ihre Kräfte zu leisten vermögen. Sie muß mit verdienen und „nebenbei" Hauswesen, Mann und Kinder besorgen. Die Frau aus dem Mittelstande hat mit diesem „nebenbei" allein vollauf zu thun. Die Frau der höheren Stände wird mit diesem „nebenbei" ohne fremde Hilfe gar nicht fertig.

Die Frau aus dem Volke ist durch körperliche Entkräftung meist erschöpft, nach schlaflosen Nächten am Bette eines Kindes oder bei einer Näherei oder Flickerei fallen ihr manchmal die Augen am Tage zu. Sie schickt die Kinder auf die Gasse. Sie braucht etwas Ruhe. Sie ist zu „bequem", sich mit ihnen zu beschäftigen.

Der Mann hat es bedeutend besser. Er hat n u r seine Berufsarbeit. Zu Hause muß er bedient werden. Er muß die besten Bissen bekommen. Warum? Weil er sich einbildet, der Ernährer der Familie zu sein. Die häusliche Arbeit der Frau, die das erworbene Geld erst in Ernährungs- und Gebrauchsgegenstände umwandelt, taxiert er durchaus nicht seiner Berufsarbeit gleichwertig. – Außer dieser häuslichen, gern gleich Null veranschlagten Arbeit erwirbt aber sehr häufig die Frau geradezu mit. Manchmal ernährt auch die Frau die Familie ganz allein, wenn der Mann arbeitslos ist. Und arbeitslos ist er durchaus nicht immer unverschuldet. Trunksucht, Lüderlichkeit, Roheit, Faulheit bringen ihn oft um gute Arbeit. Eine andere nimmt er nicht an. „Jede" Arbeit mag er nicht. Die Frau aber muß aber „jede" Arbeit annehmen, wenn die Kinder nicht hungern sollen.

Man rechte also nicht zu streng mit der M u t t e r aus dem Volke. Es ist oft ein Wunder, wenn sie n i c h t indolent wird.

Um so härter ist die Mutter aus den höheren oder sagen wir: den besitzenden Ständen zu verurteilen, die zu bequem ist, ihre Kinder zu erziehen. Wenn sie es nicht versteht, so soll sie sich in diesem Sinne bilden, sie soll es lernen. Ein schwerer Fehler ist freilich bei ihrer eigenen Erziehung gemacht worden: sie ist nicht zur Mutter erzogen worden.

Und einen schweren Fehler begeht der Mann, wenn er zur Ehe ein Mädchen sucht, das sich zum Spielzeug oder zur Wirtschafterin oder zum Luxusgegenstand eignet: nur zur Mutter nicht.

Die Mutter der höheren, bezw. besitzenden Stände, die man nicht zur Mutter erzog, möge rastlos an sich selbst arbeiten, um eine Mutter zum Heile ihrer Kinder zu werden. Ihr, die nicht um Brot zu arbeiten braucht, die gesund ist und kräftig, ihr kann man unter keinen Umständen Pflichtversäumnis aus Bequemlichkeit nachsehen.

Der Mann hat die Verpflichtung, sie in ihrer Selbsterziehung und in der Erziehung der Kinder zu unterstützen, denn es sind seine Kinder ebenso gut wie die ihren.

Die dritte Gruppe sind die böswilligen Eltern.

Das sind diejenigen, welche die erziehliche Thätigkeit anderer Gewalten untergraben und gleichzeitig die eigene unterlassen.

Diese finden sich in jedem Stande.

Sie arbeiten der Schule entgegen. Sie machen lächerlich, was diese aufbaut. Sie verspotten ihre religiösen und sittlichen Gebote.

Sie mißachten die Anordnungen des Lehrers, die Verordnungen der Gesetze, – kurz alle obrigkeitlichen Gewalten.

Das sind die gefährlichsten. Wie soll das schwache Kind hier entscheiden. Wie soll das schwache Kind diesem Konflikt gewachsen sein? Herz und Blut müssen es ja von Rechtswegen zu den Eltern ziehen. Es lernt auch das vierte Gebot. Dieses Gebot, das nur mit Einschränkung gelehrt werden dürfte! – Wenn hier ein Kind auf die Seite des Lehrers, der Lehrerin tritt, dann ist es ein Held, eine Heldin. Was aber geht in dem Kinde zu Grunde?

Die Achtung vor den Eltern, – vor der elterlichen Autorität.

Damit wären wir bei der „Autorität" angelangt, deren Nichtachtung der Kaiser als Ursache für die Verrohung und Verwahrlosung der Jugend bezeichnet.

Welche sind die dem Kinde gesetzten Autoritäten?

Da sind erstens die Eltern und zweitens die Schule. Dies sind die Autoritäten für die interne Erziehung.

Da ist drittens die Polizei und viertens das Gesamtpublikum der Erwachsenen. Dies sind die Autoritäten im öffentlichen Leben.

Wie sind nun diese Autoritäten selbst beschaffen, und wie steht es um die Ausübung ihrer Autorität.

Zunächst also die Eltern.

Wir haben gesehen, daß es bei den Gruppen 1 und 2, den Behinderten und Bequemen, um die Ausübung der Autorität mangelhaft bestellt ist. Bei Gruppe 3, den Böswilligen, müssen wir Gott danken, wenn sie ihren Kindern nicht Autorität sind.

Kommt also Gruppe 4: Die einsichtsvollen, rechtschaffenen, sich ihrer Erziehungspflicht annehmenden Eltern. Und deren giebt es schon noch eine Anzahl, auch solche, die sich gut und gern zu den Behinderten rechnen könnten, die sich aber dennoch so viel es angeht, ihrer Erziehungspflicht widmen. Man sieht also, was der gute Wille vermag.

Desto weniger soll man darauf eingehen, gewisse Eltern so leicht von ihrer Erziehungspflicht zu entbinden.

Bei den pflichtbewußten Eltern, denen man die größtmöglichste Autorität wünschen möchte, ist es zu bedauern, daß ihr höchst lobenswertes Bestreben so wenig Unterstützung findet. Sind sie zu strengen, körperlichen Strafen gezwungen, so kommen die Nachbarn, kommt die Polizei und mischt sich ein. Ein Vater, der sein siebenjähriges Mädchen züchtigte, weil es sich herumtrieb, sogar über die Nacht wegblieb, wurde angezeigt und bestraft. Ein anderer Vater, der seinen Sohn energisch für einen Diebstahl strafte, wurde seinerseits betraft, so daß er dann hinterher sehr berechtigt äußerte: „Gut, meinetwegen soll jetzt ein Verbrecher mehr aufwachsen."

Noch schlimmer gestaltet sich die Sache für die Eltern, wenn sie Stiefeltern sind. Da werden die Kinder von dem gesamten Heere der Furien im Hause systematisch aufgehetzt. – Man macht sich gar nicht klar, was Stiefeltern eigentlich sind. Es sind Menschen, die alle Pflichten rechter Eltern übernehmen und denen man zum Lohne dafür deren Rechte streitig zu machen sucht. – Wo aber Pflichten sind, müssen auch die daraus resultierenden Rechte sein.–

Die zweite Autorität für das Kind ist
die Schule,
bezw. der Lehrer und die Lehrerin.

Leider müssen wir auch hier feststellen: Die Autorität des pflichtbewußten Lehrers und der pflichtbewußten Lehrerin wird genau so herabgedrückt und beeinträchtigt wie die der pflichtbewußten Eltern.

Man beraubt diese pflichtbewußten Erzieher erst eines Teiles ihrer Erziehungsgewalt, nämlich ihrer unbedingten Autorität dem Kinde gegenüber und der strengsten und wirksamsten Zuchtmittel, um dann, wenn die der straffen Zucht entbehrende Jugend ins Leben tritt, bezw. in die Gefängnisse wandert, durch späte Fürsorge nachzuholen, was in der Schulzeit versäumt worden ist.

Ob sich das Versäumte bei den verderbten Jugendlichen, wie z. B. bei jener 17 jährigen Chantant-Sängerin, welche wegen Diebstahls an „Herren“ und „Damen“ verurteilt wurde, überhaupt nachholen lassen wird? Es dürfte wohl zu spät sein.

Auffallend ist dem Laien, daß die Zahl der jugendlichen Verbrecher unter 20 Jahren so groß ist. Es sind dies also die vor ca. 14 Jahren oder später eingeschulten. Die Presse brachte einmal eine

Notiz, daß die Lockerung der Jugendzucht auffällig mit dem Regierungsantritt unseres Kaisers zusammenfiele. Das stimmt insofern, als diese Erscheinung mit dem Jahre 1888 zusammenfällt. Und die Ursache dieser Erscheinung, die allerdings mit dem Regierungsantritt in gar keinem Zusammenhange steht, ist sehr erklärlich auf die beiden Verfügungen vom 3. April 1888 und vom 22. Oktober 1888 zurückzuführen, welche zuerst die Schulzucht lockerten, indem sie die körperliche Züchtigung auf eine Minimum herabdrückt, dieselbe überhaupt nur im äußersten Notfalle gestatteten und endlich zwei Arten von Ueberschreitungen festsetzt:

1. Ueberschreitung im Sinne des Gesetzes (Körperverletzung).

2. Ueberschreitung im Sinne pädagogischer Mißgriffe.

Was besagt zunächst das Gesetz über körperliche Züchtigung?

Es spricht dem Lehrer (der Lehrerin) die körperliche Züchtigung im Rahmen der elterlichen Zucht zu.

Als Ueberschreitung des Züchtigungsrechtes gilt eine Verletzung, welche der Gesundheit und dem Leben des Kindes schädlich bezw. gefährlich werden kann.

Damit kann man nur einverstanden sein. Mit diesen Befugnissen kann man auskommen. – Körperliche Züchtigungen, welche der Gesundheit der Kinder schädlich werden können, sind wohl kaum vorgekommen. Und wenn sie vorkommen, ahndet sie das Gesetz.

Eine Gerichtsentscheidung lautet:

Schwielen, Blutunterlaufungen sind nicht als Ueberschreitung des Züchtigungsgesetzes anzusehen, denn jede fühlbare körperliche Züchtigung – und zu einer solchen ist der Lehrer durchaus berechtigt, – läßt derartige Erscheinungen zurück."

Ich glaube nicht, daß über dieses Strafmaß hinausgegangen wird, ja, daß man mit Absicht auch nur bis zu diesem Strafmaß geht.

Fühlbar muß indes die Züchtigung sein, wenn sie ihren Zweck erfüllen soll.

In der Praxis jedoch gestaltete sich leider die Sache so, daß jedes sichtbare Zeichen der Züchtigung als eine Ueberschreitung angesehen wurde. Eine Schwiele, ein gefärbter Streifen wurde mehr oder minder streng von den Vorgesetzten des Lehrers und der Lehrerin gerügt und im Disziplinarwege geahndet.

Die Vorgesetzten gingen also über die gesetzlichen Bestimmungen hinaus; sie gestatteten der Lehrerschaft weniger Zuchtmittel als das Gesetz.

Es hieß ungefähr: „Du darfst schlagen, aber wehthun darf es nicht."

Oder: „Das Kind soll die Strafe fühlen, aber sehen darf man nichts."

Leider müssen wir feststellen, daß e i n z e l n e A e r z t e an der Beurteilung der Züchtigungen durch unsere Vorgesetzten nicht unschuldig waren. Dazu folgendes Beispiel:

An einer Schule liefen binnen fünf Monaten drei Atteste von d e m s e l b e n Arzte, aber verschiedene Kinder und verschiedene Lehrer betreffend, ein.

Diese Atteste von d e m s e l b e n Arzte wurden von den drei v e r s c h i e d e n e n Müttern merkwürdigerweise mit den gleichen Worten präsentiert:

„W e n n S i e d a s A t t e s t b e z a h l e n, werde ich's nicht a n z e i g e n.“

Ich für meine Person antwortete: „Liebe Frau, Sie müssen Ihr gutes Recht n i c h t a b k a u f e n l a s s e n. Ich kaufe es Ihnen nicht ab. Thun Sie, was Sie wollen.“ Darauf ging ich mit dem Mädchen zu einem anderen Arzte, ließ die Schwielen mit dem Centimetermaß messen, ihre Färbung und Zahl (2) feststellen und mir ausdrücklich bescheinigen, ob die Züchtigung der Gesundheit des Kindes nachteilig sein könne, was der Arzt durchaus verneinte. Darauf unterschrieb er mit der pflichtmäßigen Versicherung.

Auf dem Zeugnis, welches die Frau eingereicht hatte, waren die z w e i Schwielen „eine größere Anzahl“, ihre Länge betrug etwa doppelt so viel als bei der Messung, ihre Färbung war blutigrot – und die pflichtmäßige Versicherung fehlte. –

Der geschäftsführende Ausschuß des deutschen Lehrervereins hat jüngst an die Kommission, welche im Reichsjustizamt zur Revision der Strafprozessordnung zusammentritt, eine Eingabe abgesandt, in der er bittet, daß die Staatsanwaltschaft wegen Ueberschreitung des Züchtigungsrechtes der Lehrer nur einschreiten möge, wenn durch einen beamteten Arzt (Kreisphysikus) eine Beschädigung der Gesundheit des Kindes bescheinigt ist.

Bis hierher ist der Antrag sehr vernünftig und geeignet, eine feste Norm zu schaffen.

Aber der Nachsatz verdirbt alles:

Alle anderen Fälle sollen den Schulbehörden zur Bestrafung überwiesen werden!!!

Was für Fälle?

Strafbare oder nicht strafbare? Strafbare Fälle, also Körperverletzung, straft ja das Gesetz. Und nicht strafbare?

Die soll die Schulbehörde strafen?

Wieso?

Warum?

Seit wann und wo werden denn nicht strafbare Handlungen überhaupt bestraft?

Just bei der Schulbehörde, die dadurch höchst unpädagogisch handeln würde?

Merkwürdige Logik liegt in dem Vorschlage des geschäftsführenden Ausschusses!

Nein! Will man eine Aenderung der gegenwärtigen unsicheren Zustände in Bezug auf die Schuldisziplin erzielen, so schaffe man nicht wieder eine doppelseitige Handhabung, sondern eine einfache, feste Norm.

Diese ist das Gesetz und der beamtete Arzt (Physikus). Alle Zwischenstationen müssen fallen.

Körperverletzung, die der Gesundheit gefährlich wird, das ist etwas Greifbares. Da kommt's nicht auf Wohl- oder Uebelwollen eines oder mehrerer Vorgesetzten an, – auch nicht auf größere oder geringere Aengstlichkeit oder auf hyper-humane Gefühle.

Körperverletzung, die der Gesundheit gefährlich wird, vom beamteten Arzte bescheinigt, dagegen giebt es nichts zu reden, und dagegen wird auch niemand reden.

Dem Lehrer, der Lehrerin, die selbst Beamte sind, wird dadurch ihr schweres Werk leichter werden. Sobald eine Norm feststeht, die ohne Bestrafung nicht überschritten werden darf, wird das Gefühl der Unsicherheit in der Handhabung des Züchtigungsrechtes und die dadurch hervorgerufene Lockerung der Schulzucht allmählich wieder schwinden.

Gerade die Androhung der Disziplinarstrafe hat zu dieser Unsicherheit geführt und zwar besonders in den als „pädagogische Mißgriffe“ bezeichneten Fällen, bei denen die Veranlassung zur Züchtigung, sowie deren Maß durch Dritte bewertet wurde.

Ein Dritter wird Veranlassung und Maß nie richtig bewerten können, da ihn selbstverständlich der Fall nicht so berührt, wie den betreffenden Lehrer, die betreffende Lehrerin selbst. Ein Dritter wird sich vielleicht nicht weiter aufregen, während die betreffende Lehrkraft sich vielleicht schon tagelang über das gezüchtigte Kind aufgeregt hat, ehe sie zur Züchtigung schritt. Auch vergesse man nicht, daß es fast überall Flachsmanns und Flemmings giebt, welch' letztere nur äußerst selten einen Schulrat Prell zur Seite haben oder im geeigneten Augenblick zur Seite haben können.

Lehrer und Lehrerinnen mußten also seit den Verfügungen von 1888 an bis heute denken: Wenn du dich auch keiner Ueberschreitung im Sinne des Gesetzes schuldig machst, so kommt vielleicht jemand und legt dir's als „pädagogischen Mißgriff" aus.

Dadurch entstand jene große Unsicherheit. Um nicht seine Haut zu Markte zu tragen, versuchte man thunlichst ohne Züchtigung auszukommen. Das ist ja auch das Ideal, welches die Verfügungen anstreben. Der Faktor „Furcht" soll ja aus der Erziehung ausgeschaltet und es soll thunlichst nur mit „Liebe" gearbeitet werden.

Also versuchen wir's. Die Verantwortung fällt ja schließlich auf die Regierung, dachten die Gleichmütigsten unter uns. Die Besorgteren haben sich freilich damals gefragt: „Wie wird das werden?" Denn wir wußten, wie schwer wir ohnehin zu kämpfen hatten, um die Erziehungs- und Unterrichtsziele zu erreichen.

Es war wohl niemand unter uns für prinzipielle Prügelstrafe. Wir waren wohl alle für individuelle Behandlung der Kinder, soweit dies in einer großen Klasse möglich ist. Wir haben wohl alle Kinder unter den Händen gehabt, die in der ganzen Schulzeit nicht einen Schlag erhalten haben. – Aber wir wußten auch von jenen anderen Elementen, die nur durch empfindliche, körperliche Züchtigung zu regieren sind, – die man vielleicht erst später an gelindere Zucht gewöhnen kann, nachdem sie sich beugen gelernt haben.

Wer aber damals diese Bedenken hätte laut werden lassen, wer der Prügelstrafe hätte das Wort reden wollen, wäre schon von vornherein gerichtet gewesen.

Wer heute für dieselbe eintritt, wird es nicht mehr in dem Maße sein. Zu deutlich reden die Zeichen der Zeit.

Eltern und Kinder merkten damals bald die sich lockernde Zucht, die Unsicherheit der Lehrerschaft. Und die Folgen blieben nicht aus. Jene rohen Burschen, welche die Tiere bestialisch marterten, – die 17 jährige Dirne und Diebin, – jener 19 jährige Mordgeselle, der vor einiger Zeit in Berlin bei Nacht seinen Hauswirt niederstach, weil dieser sich dem mit einem unbekannten Frauenzimmer Heimkehrenden gegenüber die Frage erlaubt hatte: „Wohnen Sie in dem Hause?“ – dies alles sind jene Kinder, welche 1888 und nach 1888 eingeschult wurden.

Der Kaiser hat recht. Das Jahr 1888 war der Wendepunkt zum Schlimmeren.

Ursachen zur körperlichen Züchtigung.

In Bezug auf die Ursachen zu körperlicher Züchtigung schreibt die Behörde vor: Nur in den höchst seltenen Fällen von eingewurzelter Roheit, unbeugsamem Trotz und ausgeprägter Faulheit soll körperliche Züchtigung angewandt werden.

Und an anderer Stelle steht: Erst nach Erschöpfung aller anderen Zuchtmittel sei die Prügelstrafe anzuwenden und nur im äußersten Notfalle.

Diese beiden Bestimmungen sind der Krebsschaden der ganzen Schulzucht geworden.

Handelt man nach ihnen, so kommt die körperliche Züchtigung bereits zu spät.

Roheit einwurzeln lassen, unbeugsamen Trotz erst aufkommen lassen und Faulheit erst den Charakter ausgeprägter Faulheit annehmen lassen: Das ist die Unterbindung aller erzieherischen Thätigkeit.

Ein Kind, das diese Merkmale aufweist, gehört schon in die Besserungsanstalt. – Ein Lehrer, der diese Merkmale hat aufkommen lassen, ist kein Pädagoge.

Es giebt nur eine Entschuldigung für ihn: Er hat lange geschwiegen; er hat sich zu lange bei den wirkungslosen Zuchtmitteln aufgehalten. Er hat sich gefürchtet, sich eines pädagogischen Mißgriffs schuldig zu machen.

Welches sind die vorausgehenden Zuchtmittel, und wie steht es um deren Anwendung?

1. Tadel. Bei Kindern mit obigen Anlagen wirkungslos und nur Zeitverschwendung zum Nachteil der Klasse.

2. Herausstellen. Bei Mädchen ist längeres Stehenlassen verboten.

3. Nachsitzen und Nacharbeiten. Nach der vierten oder gar fünften Vormittagsstunde nicht gestattet. Da der Lehrer (die Lehrerin) aber selbst meist 4 oder 5 Stunden hat, – als letzte eventuell eine Fachstunde in einer anderen Klasse – selbst bei früherem Schluß der eigenen Klasse am Vormittage selten möglich. Am Nachmittage, also nach 4 Uhr, als siebente Stunde, nicht mehr recht wirksam zum Zwecke des Nachlernens und außerdem von den Eltern beanstandet, die ja die Verpflichtung fühlen, die Lehrer und Lehrerinnen über ihre Befugnisse aufzuklären.

4. Belehrung über die Endziele ausgeprägter Faulheit, Roheit, Ungehorsams u. s. w., – also Bedrohung mit den späteren Strafen des Gesetzes.

Letzteres macht bei vielen Kindern gar keinen Eindruck: Vater und Mutter sitzen ja auch, und denen gefällt es ganz gut im Gefängnisse. Keine Prügel, ordentlich zu essen, humane, ja höfliche Behandlung, – also gar kein Grund zur Furcht.

Breslauer Blätter meldeten jüngst hierzu folgende Illustration:

Verhaftung. In der Nacht zum 5. d. Mts. bemerkte ein Polizeibeamter, daß sich jemand in einem Schuhwarenladen auf der Schuhbrücke aufhielt und zwar hatte sich eine Gardine in verdächtiger Weise bewegt. Da die Hausthür offen stand, betrat er das Haus und sah, daß ein vom Hof aus in den Laden führendes Fenster gewaltsam geöffnet war. Er betrat nun selbst den Laden und fand hinter dem Ladentisch versteckt einen jungen Menschen, der auf die Frage, was er da mache, frech antwortete: „Sie sehen ja, einbrechen und stehlen thue ich." Der Einbrecher wurde in Haft genommen.

Wir glauben, daß der junge Mensch ganz damit einverstanden war, in Haft genommen zu werden, ja, daß man ihm vielleicht damit einen Herzenswunsch erfüllt hat, indem man ihm zu einem angenehmen, sorgenfreien Dasein verhalf.

Der fünfte Faktor, welcher der Erziehung dienen soll, ist das Inaussichtstellen der jenseitigen Strafen.

Die liegen dem Kinde noch sehr fern. Und die Eltern glauben so etwas überhaupt nicht. Der Begriff „Furcht" ist ja überdies aus der Erziehung ausgeschaltet worden. Da sich das Kind im Diesseits nicht zu fürchten braucht, sieht es nicht ein, warum es sich im Jenseits fürchten sollte.

Was es nicht an seinem Leibe fühlt, schreckt es nicht. Und Prügel darf es nicht bekommen, jedenfalls richtige Prügel nicht. – Einmal einen Klaps oder zwei, wenn es gelogen hat oder faul und widersetzlich gewesen ist, das macht ihm nichts aus.

Wenn der Vater mit dem Stiefelknechte haut, weil es die Schnapsflasche zerschlagen hat, ja, das thut anders weh.

Aber in der Schule darf es nicht „traktiert“ werden, sonst kommt der Vater in die Schule oder er geht aufs S c h u l b u r e a u oder aufs Gericht.

Das sind die Verhältnisse, die sich herausgebildet haben. Das sind die Verhältnisse, unter denen der Lehrerstand seit länger als 14 Jahren hat arbeiten müssen.

D a s   s i n d   d i e   U r s a c h e n   z u r   V e r r o h u n g   d e r   J u g e n d , z u r   V e r w a h r l o s u n g   u n d   K r i m i n a l i t ä t .

Die Verrohung blieb durchaus nicht auf die von den Behörden angenommenen seltenen Fälle beschränkt. Wenn a n d e r e Kinder sehen, was e i n b ö s e s K i n d erst alles thun d a r f , ehe es Prügel bekommt, – wenn sie ferner sehen, daß diese Prügel nur in ein paar leichten Schlägen bestehen, die „gar nicht weh thun“, dann versuchen selbstverständlich auch andere Kinder, ihren bis dahin zurückgehaltenen schlechten Trieben einmal die Zügel schießen zu lassen. In noch anderen werden die schlimmen Triebe erst geweckt.

Nicht der A n b l i c k der Züchtigung ist es, der die übrigen Kinder abstumpft und schlecht macht, wie in der einen Verfügung zu lesen steht, sondern die zu lange h i n a u s g e s c h o b e n e Züchtigung und das Minimum derselben, – der Anblick all’ der Schlechtigkeiten, die ein Kind begehen d a r f bis eine derselben endlich unter die Rubriken „unbeugsamer Trotz“, „eingewurzelte Rohheit“ oder „ausgeprägte Faulheit“ fällt und somit die körperliche Züchtigung gestattet.

Uebrigens ist die körperliche Bestrafung wegen Faulheit auch erst neuerdings wieder zulässig. Längere Zeit war Prügelstrafe bei „schwachen Leistungen“ untersagt, ohne eine Untersuchung und Scheidung der Ursachen in „geringe Begabung“ und „Faulheit“ anzuordnen oder gelten zu lassen.

Faulheit aber ist die Wurzel alles Uebels, ist die Grundlage zu jeglicher Verderbnis.

Bei feigen Naturen zeitigt sie Arbeitsscheu, Lüge, Betrug, Diebstahl und Prostitution bei beiden Geschlechtern.

Bei starken Naturen führt Faulheit zu Frechheit, offener Empörung, Strassenraub, Mord.

Beispiel zu a). Ein 13 jähriges, großes, kräftiges Mädchen wollte weder in der Schule arbeiten, noch verdienen helfen. Es zog sich lange Kleider an, trieb sich herum, ging auf Tanzböden, lies sich anfangs von den Herren beschenken und bestahl sie später. Mit 13½ Jahren wurde die Vielversprechende zu einigen Wochen Gefängnis verurteilt.

Beispiel zu b). Ein 13 jähriger Knabe, der wochenlang hinter die Schule ging, stets Geld und Zigarren hatte, die er sogar im Schulhofe zuweilen rauchte, überfiel bald nach seiner Schulentlassung ein Kind auf der Straße, beraubte es und wurde wegen Straßenraubes verurteilt.

Die Lehrer der betreffenden Kinder hätten diese Triebe vielleicht im Keime ersticken können, als sie sich erst als Faulheit äußerten. Damals durften sie energische Zuchtmittel nicht anwenden. Nachher war es zu spät.

In diesen Kämpfen zwischen Wollen und den nicht ausreichenden Mitteln zum Vollbringen, – in diesen ohnmächtigen Kämpfen hat also der Lehrerstand sich viele Jahre aufgerieben, immer noch hoffend, daß irgend jemand ihm beistehen würde. Immer mehr machte sich das Fehlen elterlicher Zucht bemerkbar, und immer dringender stellte sich das Bedürfnis heraus, einen Ausgleich dafür in verschärfter Schulzucht herzustellen.

Von Tag zu Tag hoffte die Lehrerschaft, es müsse etwas kommen.

Und es kam etwas. Aber etwas anderes, als der Lehrer erhofft hatte: nämlich die Verfügung vom 19. Mai 1899. Sie schlug dem Faß den Boden aus. Sie setzte Lehrer und Lehrerinnen in der öffentlichen Meinung herab, – sie stempelte sie den Kindern gegenüber zu Autoritäten zweiten Grades, indem sie ihnen die Ausübung des Züchtigungsrechtes ohne Genehmigung des Rektors überhaupt untersagte.

Die Anschuldigungen des Ministerialerlasses vom 19. Mai 1899 trafen wie Faustschläge. Und diese Faustschläge sitzen heute noch, in der Lehrerschaft wie im Publikum, und auch die Verfügungen vom 27. Juli 1899 und vom 19. Januar 1900 haben nicht vermocht, den Eindruck der ersten abzuschwächen.

Veranlassung zu dem Ministerialerlaß vom 19. Mai 1899 haben einzelne Ueberschreitungen bei Anwendung körperlicher Züchtigungen gegeben. Ob es Ausschreitungen im Sinne des Gesetzes waren (Körperverletzung) oder nur pädagogische Mißgriffe, – das sagt der Erlaß nicht.

Neben den Lehrern und Lehrerinnen, welche ihre Haut nicht zu Markte tragen wollten und die sich im bitteren Gefühl ihrer Ohnmacht auf die erlaubten, wenig wirksamen Zuchtmittel beschränkten, hat es auch solche gegeben, die durchaus aus den Kindern ordentliche Menschen machen und die in Frage gestellten Unterrichtsziele erreichen wollten. In diesem Bestreben sind sie, – da doch Lehrer und Lehrerinnen nun auch einmal Menschen sind, die ebenso wie andere eine Galle haben, – über das erlaubte Strafmaß hinausgegangen. Sie wurden sicher für ihren Berufseifer durch das Gesetz oder im Disziplinarwege bestraft, denn: „Lieber ein Verbrecher, als ein paar Schwielen."

Neben dieser Ahndung an den Schuldigen dann aber auch noch diese grenzenlose Demütigung des ganzen Lehrerstandes!

Der Erlaß vom 19. Mai spricht von gewohnheitsmäßiger, unbegründeter, leichtsinniger Handhabung des Züchtigungsrechtes und droht mit unnachsichtlicher Ahndung seitens der Behörden.

Der Erlaß beschuldigt die Lehrkräfte, daß ihre Persönlichkeit und ihre Amtsführung die Ursachen für die Verrohung der Jugend seien, – mit anderen Worten: daß die Lehrerschaft also nicht die Kinder zu strafen, sondern sich selbst zu erziehen habe.

Er spricht davon, „daß die Eltern zur Schule das Vertrauen haben müßten, daß ihre Kinder nicht ungehörige Strafen erlitten.

Nirgends ein Wort, daß die Kinder sich eines Verhaltens befleissigen müßten, das sie von selbst vor Strafen bewahrt. – Nirgends ein Wort, daß der Lehrer zu den Eltern das Vertrauen müsse haben können, daß man ihn in seinem schweren Erziehungswerke unterstütze.

Nirgends ein Appell an die Lehrerschaft selbst, im Berufseifer nicht zu weit zu gehen, sondern nur die strenge Aufforderung an die Vorgesetzten der Lehrer und Lehrerinnen, diesen gehörig auf die Finger zu sehen. Der Lehrerschaft selbst und dem Gesamtpublikum geht aus diesem Erlaß nur Eines hervor: daß nicht das Kind, sondern der Lehrer und die Lehrerin die Erziehungsbedürftigen seien.

So hat man die Autorität der Lehrerschaft untergraben. Und daß die Behörden selbst sie untergruben, fällt bei dem Laienpublikum um so schwerer ins Gewicht: Es muß doch seine Richtigkeit haben, wenn die Behörde selbst es sagt.

Daß dieser Erlaß heute noch nachwirkt und auf unabsehbare Zeit nachwirken wird, erhellt z. B. aus einer Gerichtsverhandlung, welche in Bolkenhain stattfand. Ein Vater (Dr. med.) schrieb dem Lehrer: „Ich verbiete Ihnen, auf das allerentschiedenste, meinen Sohn Stanislaus durch fast tägliches Prügeln zum Blitzableiter Ihrer nervösen ‚Reizzustände zu machen‘. Aufgrund des Briefes, der mit einer Drohung schließt, wurde der Vater zu 100 Mark Geldstrafe verurteilt.

Daß aber solche Briefe überhaupt möglich sind, zeigt, wie tief der Lehrer dank der erwähnten Degradation in der Achtung des Publikums steht. Solche Briefe oder mündliche Beleidigungen sind durchaus keine so seltenen Ausnahmen. Wir sind nur müde geworden, solche Fälle anhängig zu machen, müde in der Gewißheit, daß wir unter hundert Fällen nur einmal Recht bekommen.

Vier Dinge bringt ein echter, für den Beruf begeisterten Lehrer mit:

Ernstes Wollen, sittliche Festigkeit, Liebe zu den Kindern und Liebe zum Berufe.

Die ersten beiden Faktoren erstarken, müssen erstarken im Kampfe mit den Widerwärtigkeiten. Die Liebe zu den Kindern erleidet einen Stoß und wird schließlich sich nur denjenigen mehr zuwenden, die eines guten Willens sind, wenn auch ihr Können mit dem Wollen nicht überall Schritt hält.

Die Liebe zum Berufe aber wird uns genommen, die Freudigkeit wird ertötet. Der Mensch kann nicht fortgesetzt sich in einem Berufe aufreiben, in dem ihm die Mittel genommen sind, die Erfolge mit dem Kraftaufwande in ein gesundes Verhältnis zu bringen.

Was bleibt übrig? Stumme Abwehr! Ausscheiden aus dem Schuldienste oder mindestens aus dem Schuldienste in Preußen. – Man spüre nur einmal dem Lehrermangel (dem sich bald ein Lehrerinnenmangel zugesellen wird) bis in seine tiefsten Tiefen nach.

Vielleicht findet man noch andere Ursachen, als allein die Gehaltsverhältnisse, deren Wichtigkeit hierdurch durchaus nicht bestritten werden soll.

Aber es giebt Menschen, die selbst nicht für vieles Geld alles thun und alles ertragen, – die von ihrem Berufe noch mehr verlangen als Brot: nämlich innere Befriedigung.

Das scheint auch dem Nachwuchs vorzuschweben, nämlich dem Nachwuchs, der nicht da ist, – während alle anderen Berufszweige mit Aspiranten überfüllt sind. – Es wird ja natürlich wieder Nachwuchs in die Seminare kommen, wenn man die Gehälter zu schwindelnder Höhe steigert. Ob aber dieser Nachwuchs auch durchweg den Lehrerberuf in sich tragen wird wie diejenigen, die mit kleinen und kleinsten Gehältern anfingen: Das ist eine andere Frage.

Wenn hier dem Lehrerstande so viele Worte gewidmet werden, so geschieht es, weil man den Lehrerstand auffordert zur Mitwirkung am Fürsorgesetz, zur förderlichen Mitwirkung. Da muß zuerst klargelegt werden, welche Stellung der Lehrerstand gegenwärtig einnimmt, – ferner, welche Mittel er jahrelang angewendet hat, welchen Kampf er gekämpft hat, um das Fürsorgesetz, das er seit lange kommen sah, zu verhüten, und wie er in diesem Kampfe ganz allein gestanden hat, nur von einem kleinen Häuflein einsichtiger Eltern unterstützt, die keine ungeratenen Kinder erziehen wollten, während alle anderen Gewalten gegen den Lehrer waren, alle getrieben von derselben Triebfeder: der falschen Humanität.

Die echte Humanität ist etwas sehr Schönes. Aber die falsche ist das Verderben unserer Kinder geworden.

„Es sind ja Kinder!" Das ist das gefährlichste Schlagwort, das die falsche Humanität geboren hat.

Und über eine kleine Weile sind es kleine Verbrecher. Und wieder über eine kleine Weile sind es große Verbrecher.

„An ihren Früchten sollt ihr sie erkennen." Wahrlich, wir haben keine Ursache, auf die Früchte dieser Humanität stolz zu sein.

Wie haben die erziehlichen Gewalten im äußeren Verkehr den Lehrer unterstützt.

Wie hat

die Polizei

ihre Autorität ausgeübt?

Durchaus nicht im Einklange mit der Schule. Und das ist tief bedauerlich.

Verfügungen und Verordnungen, welche in der Schule den Kindern mitgeteilt werden, haben nur dann Aussicht auf Nachachtung, wenn die Polizei als Hüterin der öffentlichen Ordnung strafend einschreitet, sobald die Kinder sich gegen diese Verordnungen vergehen. Das geschieht aber keineswegs. Nur wenige Beispiele:

Es liegt frischer Schnee. Auf den Trottoiren wimmelt es von Kinderschlitten. Die Kinder fahren uns in die Beine, verwickeln uns in ihre Leinen, und glätten den Weg so, daß es eine wahre Kunst ist, nicht zu stürzen. Jeder Fußgänger, der ausgleitet und fällt, erhöht nur den Jubel der lieben Kleinen. Der Fußgänger wird, wenn man ihm nicht einmal die Trottoire frei hält, auf Wege sinnen müssen, durch die Luft zu fliegen.

Die Polizei schaut dem Treiben der Kinder ruhig zu, ohne einzuschreiten. Als ich einmal einen Schutzmann um seine Intervention ersuchte, drohte er mir, mich wegen „Belästigung" aufzuschreiben. Einem unserer Rektoren wurde im gleichen Falle die Antwort „das geht mich nichts an."

Wen geht's denn dann etwas an, wenn nicht den Posten stehenden Schutzmann?

Alljährlich kommt an die Schulen die polizeiliche Aufforderung, den Kindern das Schliddern, Kascheln u. s. f. auf den Trottoiren zu verbieten. Das Schlittenfahren ist wohl inbegriffen, wenn es auch nicht besonders erwähnt ist. Lehrer und Lehrerinnen bringen dieses Verbot gewissenhaft und wiederholt zur Kenntnis. Aber seine Nichtbefolgung geht den Schutzmann nichts an. Das nächste Mal lachen die Kinder, wenn die Lehrer und Lehrerinnen das betreffende Verbot verkünden:

Was der Lehrer nicht alles verbieten wird! Der Schutzmann sagt ja nichts.

Ein sehr beliebtes „Jugendspiel" ist auch das „Brandstiften".

In den Vorstadtstraßen werden Feuerwerkskörper in die Luft geworfen (erhältlich in zahlreichen Handlungen, welche Schulutensilien führen), die dann den Passanten beliebig ins Gesicht oder in die Kleider fliegen können. Ferner werden in Höfen und hinter Zäunen gern große Feuerherde entfacht, wodurch z. B. voriges Jahr der Zaun eines großen Fabrikhofes anbrannte. Nur e i n m a l habe ich bemerkt, daß ein Schutzmann bei diesem Vergnügen einschritt: Da hatten die Jungen das Feuer gegenüber vom Kommissariat angemacht. –

Ein weiteres Spiel: Bei einer Balgerei blieb einmal ein Knabe unter Steinwürfen blutend liegen, so daß er mittels Krankenwagen fortgeschafft werden mußte. Die Polizei wußte nichts davon, obgleich nach Aussage mehrerer Personen zwei Schutzleute dazu gekommen waren. Die Namen der Thäter wurden in der Schule ermittelt und dem Kommissarius angezeigt. Die Sache wurde indes nicht weiter verfolgt. Der zu mir entsendete Schutzmann meinte: „Wir haben uns auch manchmal blutig geschlagen, das machen Jungen so."

Bei dieser verständnis- und liebevollen Beurteilung solcher Roheiten darf man sich eigentlich über deren Wachsen nicht wundern. Es mag ja ungleich schwieriger sein, einen Buben zu erwischen, der Fersengeld giebt, als etwa eine anständige Dame aufzuschreiben, die mal auf der Brücke links geht. Aber im vorliegenden Falle waren die Thäter ja bereits ermittelt.

Auf verschiedenen Plätzen machten sich vor einiger Zeit öfters am späten Abende unnütze Burschen das Vergnügen, durch eine Art Wurfbomben eine weithin hörbare Detonation hervorzurufen, welche die Anwohner des Platzes heftig erschreckte. An einem Sonntage hat sich dadurch in einer Familie, in welcher mehrere schwere Krankheitsfälle herrschen, der Zustand der einen Kranken bedeutend verschlimmert. – Und bei Detonationen von solcher Wirkung ist just kein einziger Schutzmann in Hörweite gewesen?

Unerhört ist überhaupt die Freiheit, die Kindern in Bezug auf Lärmen auf der Straße gestattet wird. Ein Erwachsener würde bei der Hälfte dieser Leistungen schon eingesperrt werden. Das Brüllen, Kreischen, Pfeifen, Tuten der lieben Jugend, das einem geistig arbeitenden Menschen überhaupt die Arbeit am Tage unmöglich macht, erfährt nirgends eine Einschränkung. Es belästigt nicht etwa bloß die unglückseligen Anwohner der Spielplätze, sondern es erstreckt sich ganz nach Belieben der Kinder auf jegliche Straße.

Sehr beliebt ist das Holzpflaster, vor den Schulhäusern. Was man uns mit großem Kostenaufwande an Wagengerassel zu ersparen gedenkt, wird reichlich aufgewogen durch die meist mit Musikinstrumenten, Peitschen u. s. w. bewaffneten Kinder. Ich habe im Sommer oft nachmittags bei 27 Grad bei geschlossenen Fenstern unterrichten müssen, weil ich sonst mein eigenes Wort nicht verstanden hätte. – Auch die aus Humanität für bestimmte Stunden freigegebenen Schulhöfe betrachten Eltern und Kinder zu jeder Tageszeit als ihr Bereich. Die Schuldiener, welche sie verjagen wollen, werden ausgelacht oder bedroht. Den Lehrern geht es nicht viel besser. Und die Polizei ist nicht da oder schreitet nicht ein.

Nun zur 4. Autorität:

Dem Gesamtpublikum.

Dieses giebt sich, einen kleinen Teil abgerechnet die größte Mühe, die Kinder in ihren Ungezogenheiten und Roheiten zu bestärken.

„Es sind ja Kinder!"

Ein Junge klettert über einen Zaun und reißt die schönsten Rosen ab, wobei er fast die ganzen Stöcke mit herausreißt. Der Eigentümer kommt mit einem Stecken dazu und faßt den Jungen.

Sofort Menschenauflauf, – der Junge wird unter wüstem Schimpfen dem geschädigten Eigentümer entrissen:

„Es sind ja Kinder."

Ein Junge stiehlt Rüben auf dem Acker, nicht nur eine zum essen, sondern einen ganzen Sack voll. Der Bauer erwischt ihn. Sofort tauchen aus dem nahen Graben etliche drohende Gestalten auf, welche mit Eisenstangen Jagd auf den Bauern machen und ihn ohne Gewissensbisse erschlagen würden, ließe er nicht den Jungen los.

Auch den Friedhof verschonen diese Kinder nicht.

Ein Bursche hängt sich an die Zweige einer Trauerbirke, um sich zu schaukeln und droht die Krone abzubrechen. Die Eigentü-

46

merin will ihn zum Friedhofsverwalter führen. Sofort nimmt sich ein Mann des schreienden Jungen an: „Es sind eben Kinder." –

Das Werfen mit Steinen in die Sommerwagen der Elektrischen Bahn, das freche Herumtanzen unmittelbar vor dem Motorwagen, das sich zu einem Sport ausgebildet hat, – das Verhöhnen alter oder gebrechlicher Leute auf der Straße, – das Klingeln an fremden Wohnungen, besonders auch an den Klingeln der vier Treppen hoch wohnenden Haushälter: Alles findet seine Verteidiger, seine Anwälte!

„Es sind eben Kinder."

Noch einmal muß betont werden: Der Lehrer und die Lehrerin haben ganz allein gestanden in dem Kampfe gegen die Entsittlichung. Von keiner Seite eine Unterstützung. Und daher die allgemeine Entsittlichung, die allgemeine Verrohung, deren auch das Fürsorgegesetz nicht Herr werden wird; denn drei Viertel unserer Jugend gehörten von Rechtswegen heute in Fürsorgeerziehung.

*

Zweiter Teil.

Wie sind die Erscheinungen, welche das Fürsorgegesetz notwendig gemacht haben, zu beseitigen?

Der Kaiser sagt:

„Von der Schule beginnend, müsse hier durch die Gesetzgebung Wandel geschaffen werden."

Wir möchten hinzufügen: „Schon vor der Schule beginnend," denn man sehe sich nur auf der Straße die Frechheit 4 bis 5 jähriger Krabben an, deren zu schönster Blüte entwickelter Eigensinn und Despotismus dem Lehrer und der Lehrerin der Lernanfänger schwierige Aufgaben stellen.

Hier kann man so recht erproben, wie sich die Sache gestaltet, wenn man erst alle anderen Mittel versucht (für die kaum 6 jährige Kinder gar kein Verständnis haben) und was aus einer Klasse wird, wenn man nur im alleräußersten Falle zum Stöckchen greift.

Man hat dann unter Umständen ¾ Jahre verloren und im letzten Vierteljahre vielleicht bei den gutwilligen Kindern etwas erreicht, während bei dem Gros Anarchie herrscht und die Leistungen unter Null sind. Ich gestehe, daß ich mich bei Lernanfängern, sowie überhaupt bei meiner jeweiligen Klasse durch umgekehrtes Verfahren alljährlich eines Vergehens gegen die Vorschrift schuldig mache:

Ich beuge in den ersten Wochen des Schuljahres jeglichen Trotz unerbittlich und strafe jedes Vergehen unnachsichtlich. Dafür habe ich nach Ablauf längstens einem Vierteljahre Ordnung, Gehorsam und Zug in der Klasse. Beschwerden über mich laufen nur im ersten Vierteljahr ein. Dann habe ich die Kinder und oft auch die Eltern auf meine Seite gezogen.

Es wäre also sehr wünschenswert, daß die Fürsorgeerziehung sich auch um das oft gänzlich unbeaufsichtigte vorschulpflichtige Alter kümmerte und auf diese Weise der Schule vorarbeitete. Dieser Forderung kann allerdings das Fürsorgegesetz in seiner heutigen Gestalt nicht nachkommen, denn es setzt schon einen höheren Grad von Verwahrlosung voraus und mehrere Schuljahre. Um das vorschulpflichtige Alter kümmert es sich gar nicht. Daher komme ich auf meinen Eingangssatz zurück.

„Das Fürsorgegesetz ist nur ein Teil eines zu erhoffenden allgemeinen Erziehungsgesetzes.“

Es ist nur ein Stein in dem Bau und zwar nicht der Grundstein, sondern der Schlußstein bei mangelnder oder verkehrter Erziehung. Was wir indes brauchen, ist ein allgemeines Erziehungsgesetz, das sich vom ersten Lebenstage an um die Kinder und zwar um alle Kinder kümmert.

Erziehung vom ersten Lebenstage an wird Fürsorgeerziehung in späteren Jahren in den meisten Fällen überflüssig machen.

Das Erziehungsgesetz muß sich an diejenigen wenden, welche die Erziehungspflicht haben, nämlich an die Eltern.

Das geschieht heute auf gesetzlichem Wege n i c h t . Es giebt eine Meldepflicht, eine Militär-, eine Steuerpflicht u. s. w., aber von einer Erziehungspflicht ist nirgends die Rede.

Man komme nicht mit der Besorgnis, in elterliche Rechte einzugreifen!

Wenn die Eltern Rechte haben, so haben sie auch Pflichten. Wenn sie diese Pflichten freiwillig nicht erfüllen, müssen sie gesetzlich dazu gezwungen werden.

J e d e gesetzlich festgelegte Pflicht ist ein gewisser Zwang, greift mehr oder weniger in die persönliche Freiheit des Individuums ein. Man wird doch z. B. nicht glauben, daß jeder Mann der Militär- oder Steuerpflicht nur aus eigenem inneren, unwiderstehlichen Drange genügt! –

Auf die Erziehungspflicht nun muß in einem Staatswesen ganz besonderer Nachdruck gelegt werden. Denn das Kind ist keineswegs nur Mitglied der Familie, die es eventuell nach ihrem Belieben verwildern lassen darf, sondern es ist ein heranwachsender Staatsbürger. Als solcher muß das Kind erzogen werden. Der Staat hat die Pflicht und das Recht, Sorge zu tragen, daß der heranwachsende Mensch nicht zu einer Last oder Gefahr für die anderen Staatsbürger werde.

Der u n erzogene Mensch wird aber entweder Faulenzer und Tagedieb und als solcher eine Last, oder er wird Rowdy und Verbrecher und als solcher außerdem eine Gefahr für den anständigen, arbeitenden, steuerzahlenden Bürger, der sowohl die Tagediebe durch Unterstützungswesen, wie die Verbrecher in den Gefängnissen und Zuchthäusern erhalten muß.

Wie kommt eigentlich der anständige, seine Pflichten erfüllende Mensch zu solchen Bürden? Er trägt ja eine viel schwerere Lebenslast als der Tagedieb und Verbrecher selbst. Ganz sicher läßt sich mancher hart arbeitende Mann durch diese soziale Ungerechtigkeit auf die Bahn des Verbrechens locken.

Trübe ist das heute uns umgebende Bild, und schwer scheint eine Reform. Die heute dem Verbrechen verfallen sind, ändern wir selten mehr. Von der Besserung entlassener Sträflinge u. s. w. ist nichts Rechtes zu erhoffen.

Lege man die Axt an die Wurzel. Fange man einmal von unten an: bei den Kindern! Die Kinder sind die Zukunft! Sorge man, daß die Kinder nicht wieder in Verwahrlosung aufwachsen dürfen. Aber beginne man mit dieser Sorge, der wahren Fürsorge, nicht wieder zu spät.

Das neue Fürsorgegesetz meint es gut, aber es beginnt wieder viel zu spät.

Zu spät! Das ist das Wort, an dem wir kranken.

Unsere ganze Gesetzgebung und ihre ausführenden Gewalten kranken daran.

Die Thätigkeit unserer Gesetzgebung ist viel mehr eine strafende, als eine vorbeugende. Das Verbrechen muß erst vollendet sein, eher kann die Polizei, kann der Staatsanwalt nicht einschreiten.

In einem Hause strömte während der Nacht auf der Treppe stark Gas aus und kein Gasschlüssel war zu erlangen. Der herbeigerufene Schutzmann konnte nichts thun und riet auch dringend ab, die Feuerwehr zu rufen: es brannte ja noch nicht. Es muß erst brennen.

In einem rätselhaften Krankheitsfalle lag der Verdacht langsamer Vergiftung vor. Der Staatsanwalt, dem die Sache zur Kenntnis gebracht wurde, konnte nicht einschreiten. Der Mensch war ja noch nicht tot. Er muß erst tot sein. Unsere Gesetzgebung beugt nicht vor.

Unsere Gesetzgebung straft nur nachträglich. – Zu spät!

Dieses „zu spät“ läßt sich durch unzählige Fälle verfolgen. Es läßt sich durch alle Lebenslagen rückwärts verfolgen bis zur Jugenderziehung oder vielmehr Nichterziehung.

Wir hatten bisher ein Gesetz zur Besserung verwahrloster Kinder. Aber es griff zu spät ein. Die Kinder waren immer noch nicht schlecht genug. Sie mußten erst die Bekanntschaft mit dem Strafrichter gemacht haben. Dann aber war es zu einer nachhaltigen Besserung zu spät; das für die Besserungsanstalt zulässige Alter überschritten. Nun kam das Gefängnis an die Reihe.

Dem will

das Fürsorgegesetz

abhelfen. Es will in die Erziehung eingreifen, ohne erst die Bekanntschaft des Objektes mit dem Strafrichter abzuwarten. Man muß sehen, ob dieser gute Vorsatz nicht auf dem Papier stehen bleibt. Es sind bereits wieder mehrere Anträge auf Fürsorgeerziehung abgewiesen worden, weil die Kinder w i e d e r n o c h n i c h t s c h l e c h t g e n u g waren. Es war noch nicht gewiß, daß sie in ihrer Umgebung einer v o l l k o m m e n e n V e r w a h r l o s u n g zum Opfer fallen würden.

Wenn die v o l l k o m m e n e V e r w a h r l o s u n g e r s t e i n g e t r e t e n s e i n w i r d, dürfte es wieder für die Besserung zu s p ä t sein.

Das neue Gesetz würde sich dann von dem alten hinsichtlich dieses Punktes k e i n e s w e g s unterscheiden.

Zweitens verschiebt das neue Gesetz die Altersgrenzen. Das ist sehr wünschenswert. Es müßte bei der denkbar frühsten Altersgrenze anfangen und zu seiner Ausführung K l e i n k i n d e r b e w a h r a n s t a l t e n, K i n d e r g ä r t e n und J u g e n d h o r t e in Anspruch nehmen. Es genügte vielleicht in vielen Fällen eine Fürsorgeerzeihung t a g s ü b e r, z. B. bei den behinderten und bequemen, aber nicht sittlich verderbten Eltern.

Die Anstalten, welche den Kindern Essen und eine Mittagpause zum Schlafen geben, – sie dann um 4 Uhr entlassen oder sie bis zum Feierabend der Eltern behalten, dürften am zweckmäßigsten sein. (Carolusstift, Breslau, Gabitzstraße.)

Nur bei böswilligen und verbrecherischen Eltern ist u n t e r a l l e n Umständen E n t f e r n u n g a u s d e r U m g e b u n g g e b o t e n.

Unterbringung.

Bei der Frage: Anstalts- oder Familienerziehung? ist in größeren Städten ganz entschieden nur Anstaltserziehung, mit eigener Schule verbunden, zu raten. Von den Familien, die sich in großen Städten zur Aufnahme von Fürsorgekindern melden, ist nicht zu hoffen, daß sie erziehlich auf die Kinder einwirken werden; am allerwenigsten ist die Verwendung der Kinder zu kontrollieren.

Sehr wünschenswert ist dagegen die Unterbringung in Familien auf dem Lande. Die Kinder kommen dort in reinere Luft, in gesündere, sittliche Verhältnisse, man weiß, zu wem sie kommen. Denn die Leute auf dem Lande sind gekannt und beobachtet. Sumpfgewächse halten sich auf dem Lande nicht; die ziehen sich in die große Stadt, wo sie den für ihre Existenz nötigen Schlamm reichlicher finden.

Die Kinder werden auf dem Lande zu einer gesunden, körperlichen Arbeit angehalten, welche physisch ermüdet und so dem Geiste wenig Zeit läßt, böse Gedanken und Streiche auszubrüten. – Es würde dadurch zugleich zwei sozialen Uebelständen einigermaßen abgeholfen werden: der Leutenot auf dem Lande und der Arbeitslosigkeit in den Städten. In der Grafschaft Glatz haben die Bauern thatsächlich in den beiden letzten Sommern keine Hilfskräfte zur Ernte gehabt. Sie schränken die Landwirtschaft notgedrungen ein und bauen nur noch, was sie selbst brauchen.

Was werden denn, wenn es sich allenthalben so gestaltet, nachher die Städter essen?

In der Stadt dagegen die erschreckende Zahl von Arbeitslosen! Man zerbricht sich den Kopf, wie man Arbeit schaffen soll. Die Leute aufs Land zu schicken und sodann die Freizügigkeit zu beschränken, fällt niemandem ein. Mit der Zeit fände sich vielleicht die Liebe zur Scholle wieder, und sie blieben freiwillig. Das Land bauen, dem heimatlichen Boden Frucht und Nahrung abgewinnen: das erscheint uns als ein Weg zu Gesundung.

Mache man mit den Fürsorgekindern einen Anfang. Man legt Gartenparzellen in den Städten bei einigen Schulhäusern an. Das sind Spielereien oder doch nicht viel mehr. Ein Versuch mit wirklich praktischer Landarbeit erscheint uns nützlicher. An einigen Stellen wurden schon wieder die „humanen“ Bedenken laut, daß die Kinder vielleicht auf dem Lande zu v i e l arbeiten müßten. Diese Besorgnis! Der Bauer arbeitet im Schweiße seines Angesichts, seine Kinder arbeiten auch mit, sowie sie aus der Schule kommen. Und sie sind gesund und rotbackig und zufrieden und vergnügt. Ja, sind denn n u r d i e a n s t ä n d i g e n, r e c h t s c h a f f e n e n Menschen zum Arbeiten da?

Sind die verrohten, verwahrlosten, verbrecherischen Elemente zur Arbeit zu s c h a d e ?

Es scheint fast so.

Die Kosten.

Was die K o s t e n der Fürsorgeerziehung anlangt, so kann nicht genug betont werden, daß dieselben durchweg den Eltern zur Last gelegt werden müssen.

1. Wird man nur dadurch säumige Eltern zur Erfüllung ihrer Erzieherpflicht heranbekommen. Und dies muß doch unbedingt versucht werden, ehe man die Kinder der Fürsorgeerziehung übergiebt.

K o s t e n l o s geben sicher viele Eltern ihre Kinder gern her, am liebsten alle 6 oder 8.

Sie würden sich auch wohlweislich hüten, jene „Belohnung" zu verdienen, welche ihnen das Gesetz in der eventuellen Rückgabe des Kindes in Aussicht stellt, falls die Familie später bessere Garantieen bietet. Sie würden sich hüten, diese Belohnung zu verdienen, falls sie nicht etwa inzwischen das Kind zu einer einträglichen Beschäftigung brauchen sollten.

Sollen sie aber für die auswärtige Erziehung z a h l e n, so werden sie sich ihrer Erzieherpflicht im Hause doch lieber so viel als möglich annehmen. Dies gilt hauptsächlich für die bequemen Eltern.

2. Die wirklich Behinderten, also nicht Schuldigen (deren werden übrigens viel weniger sein als man denkt) k ö n n e n sehr gut zahlen, wenn ihnen die Kinder tagsüber abgenommen sind und beide Eltern ihrer Arbeit ungehindert nachgehen können.

In Berlin hat sich ein Verein konstituiert, welcher einer Arbeiterkolonie gründet. Er baut Arbeiterhäuser mit einfachen, gesunden Wohnungen, jedoch ohne Küchen, sondern nur mit einer Gaskochvorrichtung zum eventuellen Wärmen während der Nacht. Es ist eine gemeinsame, große Küche da, in welcher eine Köchin kocht. Die Arbeiter und Arbeiterinnen führen keine eigene Wirtschaft, sondern essen aus der gemeinsamen Küche. – Die Kinder sind den ganzen Tag in einem Saale oder mehreren Zimmern von Kinderpflegerinnen beaufsichtigt.

Die Arbeiterkolonie ist ein kleiner Staat für sich. Vielleicht ist dies die Form der Zukunft.

Die Bemessung sowie das Eintreiben der Erziehungsgelder sind schon zu ermöglichen. Die höheren Stände zahlen nach der Steuerstufe, die niederen nach den Lohnverhältnissen, letztere vielleicht mittels eines zweiten Klebegesetzes.

Eltern, die vorgeben, keine Arbeit zu haben, können zu Notstandsarbeiten herangezogen werden. Arbeitsscheue Eltern kann man im Arbeitshause die Kosten für ihre Kinder abarbeiten lassen.

Den Witwen müßten die bisher üblichen Erziehunsgelder in Anrechnung gebracht werden. Dasselbe gilt von den außerehelichen Müttern, welche arbeiten, deren Arbeitsertrag aber nicht zur Erhaltung ihrer Kinder ausreicht.

Bei diesen sämtlichen alleinstehenden Müttern soll dieser Zuschuß nicht als U n t e r s t ü t z u n g angesehen werden, sondern als

Ausgleich dafür, daß Frauenarbeit heute noch um so viel schlechter bezahlt wird als das gleiche Quantum Männerarbeit.

Werden sie erst einmal die gleiche Bezahlung erhalten wie die Männer, dann werden die alleinstehenden Mütter genau so ihren Zahlungspflichten nachkommen müssen wie die Familienväter.

Die Allgemeinheit prinzipiell mit den Kosten belasten, hieße:

1. Den Eltern den letzten Rest von Selbstverantwortlichkeit, von Pflichtbewußtsein nehmen, den ihnen die übertriebene Humanität noch gelassen hat.

Das ausgedehnte Unterstützungswesen hat sie ohnehin zu der Meinung gebracht: Es muß alles sein! Wenn es nicht reicht, müssen sie bekommen. Wenn der Mann sein Geld vertrinkt, muß die Frau bekommen! Wenn er sitzt oder sich aus dem Staube macht, muß die Familie erhalten werden. Wenn sie mehr Kinder haben, als sie ernähren und erziehen können, müssen sie unterstützt werden.

Daß die Leute, welche geben und immer wieder geben sollen, auch Kinder haben, für die sie sorgen müssen, darnach wird nicht gefragt.

2. Die Allgemeinheit mit den Fürsorgekosten belasten, hieße demnach ferner die Unzufriedenheit der Stände, die nur immer geben sollen, noch mehr schüren und eventuell auch den dringends-

ten Anträgen auf Fürsorgeerziehung die Aussicht auf Erfolg nehmen.

Denn wer soll und will das Geld geben. –

Eine Aeußerung eines Steuerzahlers möge hier Platz finden:

„Man hat wohl die Prügel nur abgeschafft, damit man jetzt ein Fürsorgegesetz machen kann? Die Prügel waren umsonst. Und das Fürsorgegesetz kostet einen Haufen Geld.“

Es wird eben den Steuerzahlern auch einmal zu viel, neben den Pflichten gegen ihre eigene Familie immer noch für andere die Lasten zu tragen.

Wenn Resolutionen nicht helfen, beginnt die stumme Abwehr. Die kräftigsten Steuerzahler verlassen die betreffenden Kommunen und endlich das Land. Wenn das Land seiner besten Steuerzahler verlustig geht, hören die humanen Aufwendungen von selbst auf.

Das schlimmste Los trifft den Mittelstand, der meinst an die Scholle gebunden ist und also ausgequetscht werden kann, bis er den letzten Blutstropfen hergegeben hat.

Kann man diese Vernichtung des Mittelstandes wirklich anstreben?

Wohl kaum?

Darum wecke man in jedem Bürger das durch den Humanitätsdusel eingewiegte Gefühl der Selbstverantwortlichkeit und ziehe ihn zur Erfüllung seiner Pflichten heran, – in diesem Falle also zur Erziehungspflicht. Wenn er dieselbe nicht persönlich ausüben kann oder will, mache man ihn haftbar für die Kosten der Fürsorgeerziehung seiner Kinder.

So weit die Punkte des Gesetzes.

Wir kommen nun zu der Frage:

„Wie kann der Lehrer (die Lehrerin) bei der Ausführung des Gesetzes förderlich mitwirken?

Ehe wir diese beantworten, müssen wir betonen: Der Lehrer allein kann bei der Ausführung des Gesetzes überhaupt nicht förderlich mitwirken. Er kann sich nicht noch einmal allein in den Riesenkampf stürzen, wenn man die Absicht hat, ihn, wie bisher, in demselben allein zu lassen, ja, wenn die übrigen erziehlichen Gewalten ihm vielfach stracks entgegenwirken!

Wenn der Lehrer, die Lehrerin, an der Ausführung des Gesetzes förderlich mitwirken soll, so müssen zugleich alle anderen erziehlichen Faktoren ihre Schuldigkeit thun.

1. Die pflichtbewußten Eltern müssen ihrerseits durch das Gesetz bei der Ausübung ihrer Erziehergewalt, insbesondere ihres Straf- und Züchtigungsrechtes unterstützt werden.

Die ihre Pflicht versäumenden Eltern müssen durch das Gesetz herangeholt werden.

2. Die Polizei muß ihre Erzieherpflicht ausüben. Sie muß im öffentlichen Leben auf Beachtung der in der Schule erlassenen Verordnungen halten und die dagegen sich auflehnenden Kinder müssen bestraft werden und zwar polizeilicherseits, nicht im

Wege der Schuldisziplin. Der Lehrer und die Lehrerin haben genug mit den in der Schule begangenen Vergehen zu thun.

Die im öffentlichen Verkehr begangenen werden zweckmäßiger durch die Polizei selbst bestraft, Züchtigungen also im Wachtlokal vollzogen.

3. Das Gesamtpublikum der Erwachsenen muß sich einer allgemeinen erziehlichen Einwirkung befleißigen und darin durch Gesetz und Polizei unterstützt werden. Jeder anständige Mensch soll einen unnützen Buben, ein liederliches Mädchen packen, wo auch immer er sie auf Schlechtigkeiten betrifft. (Siehe eine Ohrfeige zur rechten Zeit.) Er wird sich zwar vorläufig noch der Lynchjustiz seitens der Schlechtgesinnten aussetzen, aber wir wollen hoffen, daß das ernste Zusammenschließen aller anständigen Menschen doch endlich den Sieg davontragen wird.

Selbstredend muß Gesetz und Polizei diese Gutgesinnten stützen, nicht, daß man sie für ihr wagemutiges Einschreiten etwa bestraft. Ein erfreuliches Beispiel aus der jüngsten Zeit besagt:

Zwei Buben verfolgten tagelang auf der Straße einen Handwerksmeister mit Hohn- und Schimpfreden. Der Mann packte eines Tages die Früchtchen und versetzte jedem eine schallende Ohrfeige.

Darob natürlich Klage seitens der Väter, aber Freisprechung seitens des Richters.

Es lebe der Richter! Und mögen recht viele seine Amtsgenossen von der gleichen Einsicht erleuchtet werden.

Wenn alle diese erziehlichen Faktoren an einem Strange ziehen, dann wird nicht nur das Fürsorgegesetz selbst unterstützt werden, sondern dann wird seiner allzuhäufigen Anwendung mit der Zeit vorgebeugt werden: dann wird die allgemeine Entsittlichung, die allgemeine Verrohung und Verwahrlosung zurückgehen.

Wie kann nun der Lehrer, – diese Beteiligung der anderen Faktoren vorausgesetzt, – an seinem Teile fördernd an der Ausführung des Gesetzes mitwirken?

Es giebt zwei Arten von Mitwirkung:

1. Dem Buchstaben des Gesetzes nach.

2. Dem Sinne nach.

Erstere kann befohlen werden. Letztere nicht.

Die Mitarbeit nach dem Buchstaben des Gesetzes besteht darin, daß der Lehrer und die Lehrerin über die ihnen fürsorgebedürftig erscheinenden Kinder Buch führen, deren Vergehen bezw. die ihrer Eltern und Pfleger notieren und den Zettel, wenn ihnen das Maß voll scheint, dem Rektor geben.

Was dieser beschließt, ist schon nicht mehr des Lehrers Sache.

Die Regierung hat, als sie uns das heutige Thema stellte, sicher noch etwas anderes gemeint, als diese mechanische Mitwirkung, obgleich durchaus nicht in Abrede gestellt werden soll, daß auch diese dem Lehrerstande schon eine Menge Zeit kostet. Wir vermuten indes, die Regierung hat noch eine Mitwirkung im Sinne des Gesetzes gemeint, also eine Thätigkeit von seiten des Lehrerstandes, die geeignet ist, die Inanspruchnahme des Gesetzes auf möglichst wenige Fälle zu beschränken, kurz: eine vorbeugende Thätigkeit, welche das Gesetz in manchen Fällen aufhalten könnte.

Wir müssen nun leider feststellen: Nach der gegenwärtigen, noch von dem Erlaß vom 19. Mai 1899 herrührenden Stellung des Lehrers und der Lehrerin in den Augen der Eltern, der Kinder und der Behörde ist auf eine derartige förderliche Mitwirkung keine Aussicht.

Die Eltern, welche den Erlaß aus den Zeitungen schnitten, die Kinder, welche, von frechen Eltern aufgereizt, frech genug waren, diese Ausschnitte den Lehrern auf das Katheder zu legen, werden diesen degradierten Lehrern und Lehrerinnen eine Erforschung ihrer Verhältnisse im Sinne des Gesetzes nicht gestatten.

Und die Behörde selbst scheint dem degradierten Lehrerstande auch noch kein anderes Vertrauen als das in dem Erlaß gekennzeichnete, entgegenzubringen, wie aus einem Beispiel aus letzter Zeit hervorging.

Es handelte sich um ein schon ziemlich stark verwahrlostes Mädchen, das schon länger als ein Jahr beobachtet worden war und sogar während der Schulzeit schon einmal von einem Schutzmann auf dem Markt als Verkäuferin ohne Gewerbeschein aufgegriffen war. Der Lehrer und der Rektor wurden zur Aeußerung aufgefordert und machten ihre ausführlichen Angaben, wobei sie dringend um Unterbringung in Fürsorgeerziehung baten und zwar im Interesse des Mädchens selbst.

Die Sache ging an den Bezirksvorsteher, und dieser beantwortete sämtliche Fragen des Fragebogens mit „N e i n" und verstieg sich außerdem zu der Schlußbemerkung, daß die von anderer Seite gemachten Angaben auf V e r l e u m d u n g beruhten. Der Antrag auf Fürsorgeerziehung wurde a b g e l e h n t.

Die Behörde schenkte der e i n m a l i g e n Beobachtung bezw. dem e i n m a l i g e n Verhör des Bezirksvorstehers mehr Glauben als den j a h r e l a n g e n Beobachtungen des L e h r e r s und Rektors.

Man sieht, was wir in der Achtung unserer Behörde gelten.

Wir müssen daher noch einmal betonen, daß wir an der Ausführung des Gesetzes n u r mitwirken können, wenn man uns von seiten unserer Behörde die nötige Achtung und das nötige Vertrauen entgegenbringt, und wenn man dadurch unsere herabgedrückte Autorität vor den Kindern und unsere Stellung in der öffentlichen Meinung wieder hebt. Dazu gehört auch, daß man uns mit größeren Rechten ausstattet, die uns eine freiere Beweglichkeit im Berufe erlauben und uns das Gefühl der Sicherheit zurückgeben. Dazu gehört, daß der Begriff „pädagogischer Mißgriff" aus unserem Züchtigungsrechte ausgeschaltet und dieses uns bis an die Grenzen des Gesetzes freigegeben wird.

Wenn uns diese Bedingungen gewährleistet werden, dann können wir im Sinne des Gesetzes folgendermaßen förderlich mitwirken:

1. Wir müssen die Kinder zunächst äußerst sorgfältig, am besten mit Hilfe der Eltern und des Schularztes, scheiden in

a) normale,

b) geistig anormale.

Diese absolut notwendige Trennung kann nicht genug von Anfang an betont werden.

Bei den geistig anormalen Kindern muß möglichst ermittelt werden, ob dieser Zustand vom Alkoholgenuß herrührt. Erfahrungsgemäß füllen Eltern schon bei Wickelkindern den „Lutscher" mit Zucker und Schnaps. Diese Alkoholiker sind dem Arzte besonders zu bezeichnen.

Alle übrigen geistig anormalen Kinder müssen der Hilfsschule baldigst, nicht mechanisch, nach zwei Jahren zugeführt werden und zwar durch gesetzlichen Zwang.

Ohne gesetzlichen Zwang hat alle Mühe keinen Sinn. Vernunftgründen sind die Eltern, um die es sich hierbei handelt, nur in den seltensten Fällen zugänglich. Sie halten stets ihre Kinder für „zu klug" für die Hilfsschule und fürchten, daß sie dort erst „dumm gemacht" werden. Jetzt, – ohne diesen Zwang, – sitzen die Kinder von Jahr zu Jahr, rücken von 3 zu 3 Jahren vielleicht in die nächste Klasse, – können am Anfange natürlich dem Unterrichte gar nicht folgen und werden dadurch noch stumpfer oder ungezogen und boshaft.

Zwei Jahre Hilfsschule im Anfange, und sie hätten sicher kleine, ihren Fähigkeiten entsprechende Fortschritte gemacht und kämen sich unter gleich schwach begabten Kindern nicht so „dumm" vor, wie in der Normalschule, wo ihnen, auch wenn Lehrer oder Lehrerin Takt und Herz besitzen, dieses Gefühl doch nicht erspart bleibt. Aus diesen Hilfsschulen müßten sich für diejenigen Kinder, die nicht so weit fortschreiten, um später der Normalschule wieder zugeführt zu werden, besondere Fürsorgehäuser rekrutieren, denen die Kinder dann übergeben werden, wenn sie schlechte oder gefährliche Anlagen zeigen.

Wenn man diesen Armen erst einmal von früher Jugend an genügende Fürsorge zuwenden wird, dann werden Personen wie die Schnapka nicht frei herumlaufen.

2. Bei geistig normalen Kindern müssen Lehrer und Lehrerin erst ermitteln: Tragen die Eltern oder das Kind die Schuld an den zu Tage tretenden Fehlern des Kindes? Das stelle ich auf sehr einfache Art fest: ich lasse das Kind nachbleiben.

Weint das Kind: „Meine Mutter haut mich", dann sind die Eltern außer Schuld.

Der Ausfall dieser Ermittelung bestimmt also den Ton, mit dem man daraufhin mit den Eltern reden wird. Von den pflichtbewußten Eltern erhält man sogleich eifrigste Unterstützung, und oft entwickelt sich ein herzliches Verhältnis zwischen Schule und Elternhaus.

Bei den Behinderten und den bequemen Eltern erzielt man mitunter wenigstens leidliche Resultate, besonders dann, wenn man der Mutter nicht hart begegnet, sondern ihr die Schwere ihrer Lebenslast zugiebt und sie ermutigt, vielleicht auch dem Kinde hier und da eine kleine, nicht geforderte Wohlthat zuwendet. – Das spornt die bessere unter den Müttern zum äußersten an. Sie geben sich Mühe, ihre Kinder anzuhalten.

Bei den böswilligen Eltern dagegen ist es um jedes Wort schade. Man setzt sich nur Frechheiten aus.

Wenn man hier Einfluß auf die Kinder gewinnen will, so muß man sein ganzes sittliches Uebergewicht in die Wagschale werfen und dadurch das Kind auf seine Seite ziehen, das arme Kind, das, wenn es ein solch' kleines Heldenherz hat, um dem Zuge zu folgen, auf diese Weise zu unbewußter Verachtung der Eltern gelangt.

Wenn Lehrer und Lehrerinnen das thun, was hier angedeutet ist, haben sie ihr Bestes gethan. Wenn sie damit die erziehlichen Ziele nicht erreichen und somit die unterrichtlichen nicht erreichen können, so haben ihnen eben die Mittel gefehlt, derjenigen Elemente der Klasse Herr zu werden, die dem Eindruck einer sittlichen Persönlichkeit nicht zugänglich und mit den gegenwärtig erlaubten Zuchtmitteln nicht zu zwingen sind.

Dann wird der Staat wohl einsehen, daß er uns die vorher geforderten strengeren Zuchtmittel in die Hand geben muß, damit nicht

die einzelnen Exemplare, deren er sich später durch das Fürsorgegesetz anzunehmen gedenkt, uns zuvor durch ihr böses Beispiel
entsittlichend auf die ganze Klasse wirken und unsere mühevolle
Arbeit an den anderen Kinder gefährden. Dann wird der Staat wohl
einsehen, daß er nicht gut thut, uns in engherziger Weise die Hände
zu binden, sondern, daß es besser wäre, uns in der Beurteilung der
einzelnen Fälle frei und individuell vorgehen zu lassen.

Die Burschen, welche die Katze und die Taube bestialisch marterten, die 13 jährige und die 17 jährige Dirne und Diebin, der 19
jährige Mordgeselle, hätten wohl durch 20 Hiebe und etliche
Schwielen eine Einschränkung ihrer bösen Leiden-
schaften erfahren, während 2 bis 4 Schläge ihnen höchst
wahrscheinlich nur Spaß machten. Als Milderungsgrund
für die Bestialität der beiden Burschen kann man, – so entsetzlich
es auch klingt, in solchen Fällen überhaupt von Milderungsgrund
zu sprechen, – nur eins anführen:

Sie haben kein Verständnis für die Schmerzen anderer Lebewesen. Sie haben am eigenen Leibe nie erfahren, was weh thut. –
Die Abschaffung wirklich fühlbarer Prügel hätte also diese bestialischen Tierquälereien gezeitigt.

Daß es uns nicht überlassen ist, nach dem individuellen Falle zu
strafen, sondern daß die Höchstzahl der Schläge mechanisch fest-
gesetzt ist und durch die Strafbücher kontrolliert wird, hat diese zu
neuen Handschellen für uns gemacht. Das Reichsgericht hat hin-

sichtlich dieses Punktes neuerdings eine bemerkenswerte Entscheidung gefällt.

Ein Lehrer wurde von einem Schüler, der zwar nicht seiner Klasse, aber derselben Schule angehörte, beschimpft und erteilte ihm dafür in vorschriftsmäßiger Weise (soll wohl heißen: auf den vorschriftsmäßigen Ort) zwölf Stockschläge, die Striemen verursachten. Auf Antrag des Vaters verurteilte das zuständige Landgericht den Lehrer wegen fahrlässiger Körperverletzung zu 20 Mark Geldstrafe, weil es von der Ansicht ausging, daß auch eine geringe Anzahl von Schlägen genügt hätte.

Das Reichsgericht hob dieses Urteil auf und verwies die Prozeßsache an das Landgericht zurück, indem es ausführte, das Gericht habe nicht zu untersuchen, ob in dem einzelnen Falle gerade vier oder acht Stockschläge genügt hätten, sondern es sei festzustellen, ob das Züchtigungsrecht überhaupt überschritten worden sei. Demnach beruhe es auf einem Rechtsirrtum, wenn das Landgericht aussprach, daß der Lehrer sich im Rahmen des Züchtigungsrechtes gehalten habe, daß aber die Schuld des Schülers durch weniger als zwölf Stockschläge gesühnt gewesen sei. In Lehrerkreisen sieht man wegen der grundsätzlichen Bedeutung dem endgültigen Ausgange dieses Prozesses mit Interesse entgegen.

*

Schlußwort.

Aus allem Gesagten geht hervor, daß die Thätigkeit des Lehrers und der Lehrerin im Sinne des Fürsorgegesetzes vorwiegend eine vorbeugende ist und sein muß. Der Lehrerstand kann sich nicht zersplittern; er hat vollauf mit der erzieherischen Thätigkeit in der Schule zu thun. Er muß daher seine erziehliche Thätigkeit thunlichst auf die Schule beschränken. Will man seine Mitarbeit im Sinne des Gesetzes, so gebe man ihm die dazu erforderlichen Mittel in der Schule an die Hand.

Will der Lehrer, die Lehrerin ein übriges thun, so werden sie vielleicht, falls ein Kind ihrer Klasse in Fürsorgeerziehung gebracht werden muß, Familien auf dem Lande vorschlagen können, welche bereit und geeignet wären zur Aufnahme von Zöglingen. Familien in der Stadt werden wir thunlichst vorzuschlagen vermeiden.

Ganz und gar nicht geeignet zur Aufnahme von Fürsorgekindern ist die Familie des Lehrers oder der Hausstand der Lehrerin.

Da diese Frage neulich irgendwo angeschnitten worden ist, müssen wir zu ihr Stellung nehmen.

Die Lehrerfamilie ist aus folgenden Gründen durchaus ungeeignet:

1. Weil Lehrer und Lehreinnen auch einen Schlupfwinkel brauchen, wo sie von ihrem Tagewerk ausruhen können.

Welcher andere Beamter wird sich tagtäglich nach seinen Dienststunden in seiner Behausung noch mit den schwierigsten Aufgaben seiner Berufsthätigkeit beschäftigen wollen bis ihm die Augen zufallen.

2. Der eventuelle Mißerfolg in der Erziehung des Fürsorgekindes würde w i e d e r dem L e h r e r zur Last gelegt werden.

3. Es ist aus diesem Grunde durchaus notwendig, daß andere Stände sich an dem Erziehungswerke beteiligen, damit sie dessen A u f g a b e n   e r m e s s e n lernen.

4. Die öffentliche Meinung über den Lehrer und die Lehrerin wird dadurch eine Aenderung erfahren. Ein großer Teil des Publikums wird erst überhaupt auf diese Weise eine Ahnung von den Aufgaben des Lehrerstandes bekommen, während heute die Meinung sehr verbreitet ist, die Thätigkeit der Lehrer und Lehrerinnen bestehe hauptsächlich im Gehalterheben und in Ferienreisen.

N e i n :   d i e   L e h r e r f a m i l i e   i s t   a b s o l u t   u n g e e i g n e t .

M a n   k a n n   e s   j a   e i n m a l   m i t   d e n   F a m i l i e n   d e r   B e z i r k s v o r s t e h e r ,   W a i s e n r ä t e ,   A r m e n d i r e k t o r e n   u n d   ä h n l i c h e r   I n s t a n z e n   v e r s u c h e n .

Was die eventuell erziehliche Thätigkeit einzelner Lehrpersonen nach vollendeter Schulzeit angeht, so kämen hierbei wohl hauptsächlich Fortbildungsschulen in Betracht. Es soll denselben ihr Gutes nicht abgesprochen werden, aber es stellen sich auch Mängel dabei heraus. Erstens ist eine Stunde Fortbildungsschule sehr wenig. Zweitens benützen unsaubere Elemente diese Sammelstätten der Jugendlichen, um die besseren unter ihnen aufzuhetzen.

Wer dem Meister noch gehorcht und auch nicht über zu viele Arbeit klagt, wird so lange ausgelacht, bis er in den Ton der klügeren Genossen einstimmt. Man horche nur einmal auf die Gespräche der Fortbildungsschüler beim Nachhausegehen.

Eine strenge Meister- und Herrschaftserziehung, welche die Jugendlichen den ganzen Tag über bei ihrer Arbeit überwachen und erziehen kann und sie von verderblichen Elementen abschließt, könnte ungleich mehr wirken.

Wenn e i n Stand dem Fürsorgegesetz gute Erfolge wünscht, – sowohl im vorbeugenden wie im ausführenden Sinne –, so ist es der Lehrerstand.

Und da der Staat den Lehrerstand gefragt hat, so muß derselbe aus seiner praktischen Erfahrung heraus rückhaltslos antworten.

Jetzt s c h w e i g e n oder ängstlich d a s verschweigen, womit man vielleicht nach oben hin anstoßen könnte, hieße vielleicht den Zweck des neues Fürsorgegesetzes in Frage stellen. Es hieße außerdem, sich für lange vielleicht für sehr lange den Weg zur G e - s u n d u n g d e s L e h r e r s t a n d e s a b s c h n e i d e n.

Denn wir werden n i c h t o f t gefragt.

Wir setzen das Vertrauen in unsere Regierung, daß sie uns nicht nur hat hören wollen, sondern daß sie auch die Absicht hat, unseren Worten einigen Wert beizulegen.

Der Lehrerstand kennt das Volk. Der Richter kennt auch das Volk. Aber er kennt nur mehr die Eltern. Und er kennt sie nicht so in dem Verhältnis zu ihren Kindern, wie wir sie kennen. Dennoch werden wir vielleicht bei dem einsichtigen Richter das meiste Verständnis finden.

Wenn man unsere Vorstellungen Berufs dringender Aenderungen in Erwägung zieht, so wolle man zugleich im Interesse des Vaterlandes dabei zweierlei bedenken:

1. Straffe Zucht macht ein Volk stark und geachtet und im Notfalle gefürchtet.

Entsittlichung, Zuchtlosigkeit sind noch immer die Vorboten des Unterganges gewesen.

2. Zur Achtung anderer Autoritäten kann nur der erziehen, der selbst dem Kinde absolut Autorität ist.

Man untergrabe die Autorität der Lehrerschaft, – und das heranwachsende Kind, der heranwachsende Mensch wird nicht verfehlen, nacheinander alle übrigen Autoritäten über Bord zu werfen.

Arbeitgeber – Gesetz, – Staatsoberhaupt.

Das ist das Ende!

Davor wolle Gott mit Hilfe aller Einsichtigen das Vaterland behüten!

***

Nochmals das Recht auf Mutterschaft. Ruth Bré an Frau Loeper-Houselle

Sehr geehrte Frau!

Sie besprechen in der „Lehrerin" (Nummer vom 8. August) meine Broschüre „Das Recht auf die Mutterschaft".*)[1] Ich glaube, daß Sie mich in einigen Punkten mißverstanden oder nicht ganz richtig verstanden haben, und ich erlaube mir daher, einiges zu erwidern.

Ich gebrauche meines Wissens nirgends das Wort „ausleben", ganz bestimmt gebrauche ich es nicht im Sinne der Zügellosigkeit. Hingegen betone ich ganz nachdrücklich das Recht eines jeden Menschen (also auch jeder Frau) auf sich selbst und auf seine harmonische Entwickelung. Dazu gehört die Entwickelung seiner

---

[1] Verlag der Frauen-Rundschau, Leipzig 1903.

geistigen und körperlichen Fähigkeiten, denn wir bestehen nicht nur aus Geist, sondern auch aus Fleisch und Blut. Wir haben demnach nicht nur geistige, sondern auch körperliche Instinkte, die ihre Forderungen stellen, von der Natur erhalten. Wer da glaubt, nur aus „Geist" zu bestehen und das Körperliche mit Füßen treten, bezw. „sich von dem ganzen Mechanismus" unabhängig machen zu können, der krankt, nach meiner Ansicht, an einer Art geistigem Hochmut. Dieser geistige Hochmut hat sich durch einen Teil der Frauenbewegung in den letzten Jahren so gesteigert, daß eine Reaktion unvermeidlich ist. Daß diese Reaktion in dem, was man „den Schrei nach dem Kinde" oder „die Forderung der Mutterschaft" nennt, oft etwas extrem äußert, kann wohl sein. Die Frauen beginnen eben einzusehen, daß sie mit der „geistigen" Mütterlichkeit allein nicht zur Seligkeit gelangen, sie fangen an, sich wieder als Menschen von Fleisch und Blut zu fühlen.

Sind darum diese Frauen „tierisch"? Mir scheint, sie sind „menschlich". Nur „Geister" sind sie eben nicht. Und das werden sie auch nie werden, auch die geistig Hochmütigsten nicht. Es geht, solange es geht. Das Ende ist meist, daß sich dieser letzteren Frauen eine Art „geistiger Verknöcherung", etwas L e b e n v e r n e i n e n d e s bemächtigt, in welchem Zustande sie auf alles junge, warme L e b e n b e j a h e n d e hochmütig und selbstgerecht herabsehen. Stellen Sie eine verknöcherte, alte Jungfer, die ihr Leben lang unter einer Glasglocke gestanden hat, neben eine durch Leid und Glück gegangene (leibliche) Mutter, und sagen Sie, meine gnädigste Frau, welche von beiden Frauen Ihnen den Typus „Weib" mehr verkörpern wird.

Und derjenige Trieb, der das Weib zur höchsten Vollendung seines Wesens, zur Mutterschaft drängt, den brandmarken Sie und manche andere als „tierisch"?

Von vornherein möchte ich für meine Person bemerken, daß das Schlagwort „tierisch" bei mir nie verfängt. Ich habe nämlich mit Tieren oft bessere Erfahrungen gemacht, als mit Menschen. Ich habe einsehen gelernt, daß der Mensch, was Charakteranlagen betrifft, sehr oft nicht nur über, sondern unter dem Tiere steht. Ich habe die Treue des Pferdes, des Hundes oft bewundert, dagegen Untreue an Menschen beiderlei Geschlechts beobachtet. Ich habe Dankbarkeit an Tieren, die ich gepflegt und gefüttert habe, wahrgenommen, dagegen viel Undankbarkeit an Menschen. Ich will damit nur ausdrücken, daß ich den Menschen nicht absolut so himmelhoch über – die anderen Tiere stellen kann, und daß ich die Bezeichnung „tierisch" daher nicht als Degradation ansehe.

Was Sie nun, meine gnädige Frau, speziell als „tierisch" bezeichnen, ist der Geschlechtstrieb, das Streben nach Fortpflanzung. Dieser Trieb wohnt Menschen und Tieren gleichmäßig inne. Man kann ihn also mit demselben Rechte „menschlich" nennen. Warum dieser Trieb als etwas Verächtliches hingestellt werden sollte, wüßte ich wirklich nicht. Auf ihm beruht die Erhaltung der Art. Auf ihm basieren ferner alle verwandtschaftlichen Gefühle, Eltern-, Kinder-, Geschwister- und zuallererst Gattenliebe. – Ganz ähnliche

Worte konnten Sie aus dem Munde des Herrn Konsistorialrates Dr. Hase auf einer Versammlung des Vereins zur Bekämpfung der Geschlechtskrankheiten hören. Werden Sie dieselben Ansichten im Munde dieses Herrn a u c h „Brutalität" nennen?

Ich bin weit davon entfernt, „Gattenliebe" mit „Sinnlichkeit" zu identifizieren, aber ebensowenig glaube ich an das Glück der „rein geistigen Ehen", vorausgesetzt, daß solche existieren. Das geistige und sinnliche Element soll sich in einer wahren Ehe zu schönstem Glücke verschmelzen. Man sollte beiderseitig aus der innigsten Hingabe etwas S c h ö n e s zu machen suchen, einen Feiertag der Liebe.

Carpenter schreibt in seinem wundervollen Buche „Wenn die Menschen reif zur Liebe werden", folgendes:

„Wenn wir gesunde, gläubige, starke und ruhevolle Worte darüber (über das Liebesleben) finden wollen, müssen wir durch die ganzen Sümpfe und Moore zivilisierten Geschreibes zurückwaten und mühsam durch ihre öden Wüsten ostwärts bis zum ersten Dämmern der arischen Rassen wandern. In einer der Upanischaden der heiligen Vedischen Bücher findet sich eine schöne Stelle, in der der Mann, der einen edlen Sohn zu zeugen begehrt, belehrt wird, welche Gebete er den Göttern darbringen muß, wenn er ein Weib umarmt. In ursprünglichen, einfältigen und ruhevollen Worten wird ihm gesagt, wie er in solchen Augenblicken zu den verschiedenen göttlichen Mächten, die das Schaffen der Natur leiten, zu flehen habe: zu Wischnu, daß er den Leib der künftigen Mutter bereite, zu Prajàpati, daß sie über den Einfluß des Samens wache und zu den anderen Göttern, daß sie die Frucht wohl nähren mögen u. s. w. Nichts könnte ruhiger, reiner, einfältiger und frömmer sein, und es wäre besser, wenn solche Lehren noch heute bewahrt und befolgt würden."

Statt dessen bezeichnet man den Wunsch nach dem Kinde, der Frucht reiner Liebe, als Brutalität, ja man geht soweit, an der Aufrichtigkeit eines solchen Wunsches überhaupt zu zweifeln. Ich wundere mich schließlich über nichts mehr, – auch darüber nicht, daß man die Ehrlichkeit eines solchen Wunsches anzweifelt – , seit ich neulich gesehen habe, daß eine Frauenrechtlerin bei dem Ausdruck: Die heilige Mutterschaft das Wort „heilige" in Anführungszeichen setzte, und seit ich weiß, daß eine andere Dame, die offiziell die Prostitution bekämpft, insgeheim gern in zotigen Witzen schwelgt. Ich kann demgegenüber nur sagen wie auf Seite 73 meines Buches: Dirnengeist überall! Ein so eingefleischter, den Frauen nicht einmal bewußter Dirnengeist, daß er an den „Schrei nach dem Kinde" gar nicht mehr glaubt.

Friedrich Engels nennt das sehr treffend: „Durch die Bordellbrille sehen!"[2]

An dieses Wort mußte ich denken, als ich Ihr Motto las: „Sie peitschen den Quark, ob nicht etwa Crème daraus werden wolle," und mein erstes war, das Carpentersche Buch aufzuschlagen, um jene schöne Stelle der heiligen Vedischen Bücher mit ihren from-

----

[2] Fr. Engels „Ursprung der Familie", Seite 19.

men, reinen Worten nachzulesen, welche turmhoch über den heutigen schmutzigen Auffassungen ragen.

„Das Geschlechtsleben unserer Tage ist unrein bis ins innerste, soweit das Gebiet der z i v i l i s i e r t e n Völker reicht. Ueberall und überall ist es vom Gedanken der Lust, des Vergnügens befleckt und zugedeckt wie von einer Schlammschicht", sagt Carpenter. „Nicht aus Wonne und aus Uebermaß der Lebenslust, nicht als stolzes Verlangen nach der Zeugung herrlicher Kinder, nicht als Symbol uns Ausdruck der tiefsten Seelenverbindung tritt es auf, sondern zur Befriedigung eines Bedürfnisses. Darum verleugnen wir es in unseren Gedanken und decken es zu mit falscher Scham und cynischem Unglauben."

Ist aber eine Frau offen genug, um nach dem Manne zu verlangen, nach dem ihr ganzes Wesen schreit, um ihm Jugend und überquellende Kraft hinzugeben, so ist sie „brutal", selbst d a n n, wenn sie, wie Magda (Heimat) diesen Mann in jener Zeit liebt, und das K i n d jener Verbindung hegt als „ihren Abgott, ihre Sonne", wenn sie hungert und darbt um dieses Kindes willen und arbeitet und sorgt unter all dem furchtbaren Druck, der nur auf einer unehelichen Mutter lastet.

Sie nennen, gnädige Frau, diese Magda, bezw. den Magda-Typus z ü g e l l o s. Sollte diese Bezeichnung wirklich auf eine Frau anwendbar sein, die sich d e m G e l i e b t e n hingiebt und S c h w a n g e r s c h a f t, K i n d und S o r g e um das K i n d auf sich nimmt? Und wenn eine solche Frau n a c h t r ä g l i c h zügellos werden sollte, so trägt die Aechtung der Gesellschaft die Schuld, der Gesellschaft und des Staates, die eine Mutter ausstoßen, dagegen die Dirne sanktionieren.[3] Kein Wunder also, wenn eine Frau lieber zur Dirne als zum zweiten Male Mutter wird.

Sie meinen, der Schrei nach dem Kinde sei nur die Verhüllung des Verlangens nach dem Manne.

Aber nein! Die Sehnsucht nach dem Manne, d. h. dem geliebten Manne ist doch als das Primäre vorausgesetzt. Da giebt es gar nichts zu „verhüllen". Mir fällt es gar nicht ein, etwas verhüllen zu wollen. Die Frau von der ich spreche, wünscht sich selbstredend nur ein Kind von dem Manne, den sie liebt. Also ist die Liebe zum Manne das Primäre und die Sehnsucht nach dem Kinde das Sekundäre. Aber das Kind ist erst der Gipfel des weiblichen Liebeslebens, bedeutet erst die volle Auslösung der weiblichen Kräfte, die volle Befriedigung des weiblichen Gemüts und daher ist „das Recht auf die Mutterschaft" ein notwendiges Verlangen. Wäre es umgekehrt, wäre „das Kind" das Primäre, so spielte die Persönlichkeit des Mannes weiter keine Rolle, es genügte, daß es überhaupt „ein Mann" ist, und wir kämen, um den Gedanken bis ins Extrem auszuspinnen, zuletzt zu einer männlichen Prostitution. Das ist allerdings nicht mein Ideal.

Hingegen behaupte ich: jede nicht unliebenswerte Frau hat in ihrem Leben eine Stunde, in der es sie drängt, „sich dem Manne hinzugeben, nach dem ihr ganzes Wesen schreit." Und wenn sie

---

[3] Das Recht auf die Mutterschaft, Seite 49/50.

ein warm und mütterlich empfindendes Weib ist, so wird sie sich auch ein Kind des Geliebten wünschen. Es ist ihr nicht nur darum zu thun, daß sie ein Kind, sondern daß sie ein in Liebe empfangenes Kind hat.[4]

Traurig für die Frau, wenn sie nach Lage der Verhältnisse den Geliebten nicht lebenslang besitzen kann und nicht wenigstens ein Kind ihrer Liebe besitzen darf.

Ich bin heute in dem Alter, in dem ich über diese Dinge ruhig reden darf. Ich kämpfe nicht mehr für mich, sondern für diejenigen, „die nach mir kommen". Ich kann heute den Mann entbehren, aber beim Anblicke einer von ihren herzigen Kleinen umringten Mutter kommen mir die Thränen. Ich beklage es tief, daß ich nicht den Mut gehabt habe, mir aus der Zeit meines Glückes ein Kind, eine Zukunft zu retten. Aber ich gehörte zu der Kaste der gebildeten Frauen, „die man samt dem Kinde hätte verhungern lassen."

Sie meinen, man solle „geistige Mutterschaft" ausüben, indem man ein fremdes Kind annehme.

Wozu, wenn ich ein eigenes haben kann? Ich borge und erbettele mir doch nicht einen Gegenstand, den ich rechtmäßig besitzen kann!

Sie meinen, man könne ein fremdes Kind ebenso lieben wie ein eigenes. Ich rufe alle Mütter (d. h. die leiblichen) auf, zu bekunden, ob ihnen das möglich ist.

---

[4] Vergl. Carpenter „Wenn die Menschen reif zur Liebe werden".

Außerdem ist das e i g e n e Kind die Fortsetzung meiner selbst und seines Vaters. In dem e i g e n e n Kinde lebe ich fort. In dem fremden nicht.

Sie meinen, das Band zwischen einer „geistigen" Mutter und einem „geistigen" Kinde könne ein festeres sein als zwischen der leiblichen Mutter und dem leiblichen Kinde. Die erstere bedeute dem Kinde m e h r und etwas Höheres als die letztere.

Zugegeben, daß viele Mütter ihre Kinder nur mangelhaft erziehen und erziehen k ö n n e n, weil sie selbst eben nicht zur Mutter erzogen sind, so würde ich es dennoch für das F u r c h t b a r s t e halten, was die unselige Spaltung in „Beruf" und „Mutterschaft" zeitigen könnte, wenn diese Spaltung auch noch in das L e b e n   d e s   K i n d e s getragen würde. Wenn das Kind zwei Mütter hätte eine leibliche und eine geistige. Und wenn es die geistige dann womöglich ü b e r diejenige stellte, welche die Mutterschmerzen getragen hat.

Giebt es etwas einfacheres als die Frage: Warum sollen wir nicht s e l b s t Mütter werden? Warum sollen wir nicht ein eigenes Kind haben? Was geht das den Staat und die Gesellschaft an? Oder vielmehr: Warum verwehren sie es uns? Sie meinen: für e i n   a n g e n o m m e n e s   K i n d würde man uns sogar B e i h i l f e n gewähren.

Und für ein e i g e n e s   n i m m t man uns als Strafe d a s   B r o t?

Giebt es etwas Widernatürlicheres?

Würden unsere Kinder schlechtere Mitglieder der Gesellschaft werden, als das Kind des zu lebenslänglichem Zuchthaus Verurteilten, das wir uns annehmen?

Außerdem ist mir noch nie der Gedanke gekommen, ein Kind als Einnahmequelle zu betrachten, wie die Frauen, die sich Kinder borgen, um mit ihnen betteln zu gehen.

Mein Ruf nach dem Kinde kommt so aus der Tiefe, – aus der Tiefe meines glücklosen, entsagenden Lebens, daß ihn nur die verstehen können, die gekämpft und entsagt haben, wie ich, und die warme, mütterliche Naturen sind, wie ich, mit Sehnsucht nach Menschen- und Mutterglück.

Sie, meine gnädige Frau, können mich ja auch gar nicht verstehen. Sie sind Ehefrau, vielleicht auch Mutter. Sie durften sich also „ausleben", um Ihren eigenen Ausdruck zu gebrauchen. Sie besitzen das Menschenglück, von welchem wir für den „dritten Stand" nur eine Abschlagszahlung verlangen, jedenfalls vollkommen. Diese Abschlagszahlung, nämlich „das Recht auf die Mutterschaft", verlangen wir in der Uebergangszeit, bis zu der wahrscheinlichen Endepoche des Mutterrechts, nicht in seiner ursprünglichen Form, wie Sie irrtümlich meinen, sondern auf höherer Kulturstufe, wie ich ausdrücklich sage.[5] Sie zweifeln ob ich zu den fortschrittlichen Frauen zu zählen sei. Aber sehr! – Fortschritt erfordert oft einen teilweisen Rückschritt. Ein elektrischer Wagen braust daher. Er versieht

---

[5] Seite 53 „Recht auf Mutterschaft".

die Weiche und gerät ins falsche Gleis. Man muß ihn ein Stück rückwärts ziehen, damit er dann im richtigen Gleise weiterfahren kann.

So kommt mir die Frauenbewegung vor.

In dem Vorwärtsstürmen in der Bahn der lange versagten Geistesbildung – nach Jahrhunderten, in denen die Frau n u r Materie, n u r Gebärapparat war –, hat die Frauenbewegung die Weiche versehen und stürmt nun vorwärts auf dem Geleise des „Geistes" und will von der Materie los.

Ja, wohin soll denn das führen? Glauben Sie denn wirklich, daß wir uns von der Materie lösen k ö n n e n?

Sie fragen: „Haben denn die Menschen, die wir uns doch sozusagen als mit Vernunft begabte Wesen vorzustellen haben, wirklich keine andere Bestimmung als zu essen, zu trinken, zu schlafen und sich fortzupflanzen?

D e m gegenüber frage ich: glauben Sie, daß es dauernd o h n e zu essen, trinken, schlafen und o h n e F o r t p f l a n z u n g gehen wird? Ich glaub's nicht. Die Hauptsache bleibt's.

Wenn der himmelstürmendste Geist an Essen, Trinken und Schlafen vergißt, verhungert der Mensch und stirbt an Uebermüdung und Entkräftung. Holt er noch zur rechten Zeit einen Arzt, so rät dieser ganz bestimmt: E s s e n , t r i n k e n , s c h l a f e n!

Wenn der Mensch auf die Befriedigung des G e s c h l e c h t s - t r i e b e s und die Fortpflanzung verzichtet oder verzichten m u ß, stirbt die Menschheit aus. Das einzelne Individuum aber, das zeugungs- und gebärfähig veranlagt ist, erkrankt körperlich oder seelisch oder nach beiden Richtungen.[6]

Hoffentlich wird bald die Zeit kommen, in welcher der Arzt seine Stimme eindringlicher erheben wird behufs normaler Befriedigung des Geschlechtstriebes und notwendiger Mutterschaft für das Weib.

Wenn nun aber die Frauenbewegung diesen Mahnruf nicht hören und nicht wieder rückwärts ziehen will bis zur Vereinigung von Materie und Geist, von Beruf und leiblicher Mutterschaft: was dann?

Dann werden diese geistig hochmütigen Frauen ohne leibliche Nachkommenschaft sterben, ihre kraftvollen Individualitäten werden sich nicht fortpflanzen. – Fortpflanzen wird sich nur das minderwertige Material, das sogenannte Herdenvieh. (Pardon für den Ausdruck.) Die geistigen Mütter der folgenden Epoche haben dann fortgesetzt die Aufgabe, die dümmsten Schädel zu erhellen und die schlechtesten und minderwertigsten Anlagen zu entfalten. Gott sei Dank, daß ich in der folgenden Epoche, falls sie zur That werden sollte, nicht mehr leben werde.

Folgen aber die Frauen den warnenden Rufen, dann werden wir in absehbarer Zeit die Freude haben, die geistigen Mütter auch

---

[6] Vgl. Bebel „Die Frau und der Sozialismus“.

Dr. A. Debay. Hygiène et Physiologie du mariage. Klemke: Das Weib als Gattin. Prof. v. Krafft-Ebing: Lehrbuch der Psychiatrie. Busch: Das Geschlechtsleben des Weibes. Dr. Martin Luther: u. s. w.

als leibliche Mütter zu sehen, entweder in vaterrechtlicher oder in mutterrechtlicher Ehe lebend, – lebenslang oder kürzere Zeit, – im Besitze eines oder mehrerer Kinder –, an der Seite eines in Liebe mit ihnen verbundenen Gatten oder doch in Erinnerung an ein vergangenes Glück.

Monogamisch im wahren Sinne werden diese Bündnisse sein – anders als die heutigen Ehen –, die auf der Grundlage der Polygamie von seiten des Mannes und Ehebruch oder Ehelüge von seiten der Frau nur allzu häufig bestehen.

Diese neuen erhofften Ehen werden nicht der vom Manne proklamierten kapitalistischen vaterrechtlichen Monogamie gleichen, sondern der kommunistischen mutterrechtlichen Monogamie bei – den Irokesen. Denn es ist ein Irrtum, verehrte Frau, daß die Irokesen noch in regellosem Geschlechtsverkehr oder Gruppenehe leben. Sie leben längst in Monogamie, die dort „Paarungsfamilie" heißt. Diese Art von Monogamie ist von der Frau eingeführt worden und ist bis jetzt mutterrechtlich geblieben.[7] Wenn wir also nicht wissen, wie Mutterrecht und Monogamie zu vereinigen sind, so können wir es von den Irokesen lernen.

Friedrich Engels,[8] der Anhänger Morgans, welch letzterer sich von einem Irokesen-Stamme hat adoptieren lassen, also sehr genau über die einschlägigen Verhältnisse orientiert ist, schreibt im Einvernehmen mit Morgan:

---

[7] Bachofen: „Das Mutterrecht". Engels: „Ursprung der Familie".
[8] Engels: „Ursprung der Familie".

„Die Ehe bleibt löslich nach dem Belieben eines jeden der beiden Verheirateten; doch hat sich nach und nach
bei vielen Stämmen, z. B. bei den Irokesen, eine solchen Trennungen abgeneigte öffentliche Meinung gebildet. Bei Streitigkeiten
treten die Gentilverwandten beider Teile vermittelnd ein, und erst,
wenn dies nicht fruchtet, findet Trennung statt, wobei die Kinder
bei der Frau verbleiben, und wonach es jedem Teil freisteht, sich
neu zu verheiraten.“

Das wäre also sehr ähnlich der Ehereform, welche Ellen Key jetzt in Norwegen anstrebt.

Friedrich Engels schreibt weiter:

„Die Paarungsfamilie, selbst zu schwach und zu unbeständig,
um einen eigenen Hausstand zum Bedürfnis oder nur wünschenswert zu machen, löst die aus früherer Zeit überkommene kommunistische Haushaltung keineswegs auf.“ Arthur Wright, langjähriger Missionar unter den Seneka-Irokesen, sagt: „Gewöhnlich beherrschte der weibliche Teil das Haus; die Vorräte waren gemeinsam; wehe aber dem unglücklichen Ehemann, der zu träge oder zu
ungeschickt war, seinen Teil zum gemeinsamen Vorrat beizutragen. Einerlei, wieviel Kinder und wieviel Eigenbesitz er im Hause
hatte, jeden Augenblick konnte er des Befehls gewärtig sein, sein
Bündel zu schnüren und sich zu trollen.“

Gerade dadurch, daß der Mann allenthalben unter dem Mutterrecht diese Möglichkeit vor sich sah, wurde er der Erwerbende, Sorgende, Starke. Denn wenn er nicht erwarb, durf te er auch nicht mit essen. – Heute bringt die Polizei der gesetzlich getrauten Frau, die ihren arbeitsscheuen Ehemann aus dem Hause weist, diesen zurück, und sie muß ihn aufnehmen und ernähren! Das ist Vaterrecht.

Herzerfrischen „mutterrechtlich" handelte eine bekannte, geistig hochstehende Frau, die zum Glück nicht gesetzlich verheiratet war, sondern der dies erst bevorstand. Sie hat dem Manne, den sie von Stund an, da er der Vater ihres Kindes war, ernähren sollte, ganz echt mutterrechtlich die Thür gewiesen, weil er nicht allein sich selbst auf die Bärenhaut legte, sondern außerdem noch die Mutter der Frau aus dem Hause, ihrem Hause, entfernen wollte.

Nach dem Mutterrecht ist nämlich die Mutter der Frau, der das Haus gehört, die hochgebietende Stammmutter! – Nach dem Vaterrecht ist sie die überflüssige Schwiegermutter, die vom Schwiegersohne nur geholt wird, wenn er sie braucht, d. h. sie in irgendeiner Weise ausnützen will. Das Vaterrecht beutet nicht nur die versklavte Frau, sondern auch deren Mutter (bezw. Sippe) aus.

Nach dem geschilderten mutterrechtlichen Hinauswurf nun leben Frau, Kind und Mutter zusammen und befinden sich wohl. Der Vater aber, der zum Glück für die Frau – zu früh auf sein „Vaterrecht" pochte, hat Zeit, über den Unterschied zwischen mutterrechtlicher und vaterrechtlicher Ehe nachzudenken.

In den vaterrechtlichen Ehen gestaltet sich die Sache in der Praxis meist so: Solange alles gut geht, ist die Ehe vaterrechtlich, d. h. der Mann und Vater ist der Herr, hat das Geld in der Hand, und alles muß sich um ihn drehen. Geht die Sache schief, ist das Geld weg, so wird die Ehe mit einem Schlage mutterrechtlich, d. h. die Mutter hat jetzt das Recht, sich und die Kinder zu ernähren. Bei Lichte besehen, sind diese „Rechte" Pflichten nach dem bekannten Sprüchlein:

„Für den Spatz ist das Plaisir,

Für die Spätzin sind die Pflichten."

Kann die Frau diesen Pflichten allein nicht nachkommen, so muß sie – wiederum echt mutterrechtlich – zu ihren Eltern zurückgehen, ihre Sippe muß für sie sorgen, während dies doch in vaterrechtlicher Ehe eigentlich des Mannes Sippe thun müßte, da Frau und Kinder des Mannes Namen tragen.

Man sieht, der Mann hat die Begriffe „Vaterrecht" und „Mutterpflicht" in die Welt gebracht. Ich halte es für angezeigt, die Begriffe „Vaterpflicht" und „Mutterrecht" etwas mehr auszubauen: Daraus dürfte sich dann die Ideal-Ehe ergeben.

Sie sagen, verehrte Frau, wir fortschrittlichen Frauen dürften die Wiederkehr mutterrechtlicher Verfassung nicht wünschen. Ich meine, wir erst recht müssen sie wünschen.

Friedrich Engels schreibt:

„Der Umsturz des Mutterrechts war die weltge-
schichtliche Niederlage des weiblichen Geschlechts."

Die Wiederaufrichtung des Mutterrechts würde demnach
den weltgeschichtlichen Sieg des neuen weiblichen Geschlechtes
bedeuten.

Und das „dürfen" wir nicht wünschen?

Warum nicht, wenn ich fragen darf?

Die von der Frau eingeführte monogamische Paarungsfamilie
war und ist z. B. heute noch durchaus mutterrechtlich. Bei uns,
den Kulturvölkern der östlichen Halbkugel, wandelte der Mann
die mutterrechtliche Einzelehe in eine vaterrechtliche
Monogamie um, wobei nicht etwa der Vater monogamisch
lebte oder heute lebt, – sondern nur die Frau – bei Todesstrafe –
zur Beglaubigung der Vaterschaft monogamisch leben mußte. Solange der Mann sie im Uebertretungsfalle tötete, sonst aber
einsperrte, war ja die Vaterschaft beglaubigt. Aber auch
nur dann. Sonst – meinen Sie thatsächlich, daß Vaterschaft
beglaubigt werden kann? Meiner Ansicht nach beruht sie nur
auf Ueberzeugung. Goethe sagt: „Auf gutem Glauben." Napo-
leon dekretierte: „L'enfant conçu pendant le mariage a pour père le
mari." – Das kann man dekretieren, aber beglaubigt ist dadurch
noch gar nichts. In der französischen dramatischen und Romanlit-
teratur sind der gehörnte Ehemann, der ständige Liebhaber, die
ehebrecherische sowohl als auch die betrogene Frau typische Figu-

ren. Und der deutsche Philister findet diese Figuren überaus amüsant und bildet sich thunlichst nach diesen Mustern. Stücke wie „Die Liebesschaukel", „Die Notbrücke", „Der seelige Toupinel", „Die Dame vom Maxim" erleben mindestens 100 Aufführungen an großen Bühnen, – gewiß ein weiterer schlagender Beweis für den Tiefstand der Ansichten in sittlicher Beziehung. – Kommt aber ein Autor, der „den lustigen Ehebruch" ernst behandelt: Das Stück wird nicht aufgeführt. Das „könnte peinlich wirken", wie eine Direktion, die sonst nicht prüde ist, unlängst schrieb. Ehebruch und Ehelüge, Dirnen und verkommene Lüstlinge – das ist doch so was „Lustiges" –, so etwas soll man doch nicht ernst behandeln.

Sie geben ja auch selbst, gnädige Frau, die schweren Schäden zu: Ehebruch, Ehelüge, Prostitution, Geschlechtskrankheiten u.s.w. – Und eine Menge wackrer Frauen und Männer versuchen sie zu bekämpfen.

Ich habe in meiner Broschüre ausführlich dargelegt, wie wenig wirkungsvoll sich, auch nach Ansicht der Aerzte, alle bisherigen Mittel erweisen. Ich suche – gleich vielen anderen – einen neuen Weg. Und ich glaube ihn nur in der Rückkehr zu den Naturgesetzen finden zu können.

Die Männer halten den Frauen auf alle Ermahnungen zur Enthaltsamkeit oft entgegen: „Die Natur wird man nicht ändern." – Sie haben nicht so unrecht. – Es wird sich also darum handeln, die Naturtriebe auf sittlich höherer Stufe zu befriedigen.

Dazu gehört „das Recht auf die Mutterschaft" und – in der Folge – nach meiner Meinung – d i e R ü c k k e h r z u m M u t t e rr e c h t. Denn das ganze Vaterrecht mit seiner „beglaubigten Vaterschaft" ist U n n a t u r. Wie kann man ein Rechts- und Staatsverhältnis auf einer T h e o r i e aufbauen, die sich überhaupt nicht beglaubigen läßt, während das M u t t e r r e c h t auf unleugbaren Thatsachen beruht, die also einer Beglaubigung nicht erst bedürfen.

Sie heben hervor, daß die Frau unter dem Mutterrecht mit mehr als einem Manne verkehrte, und Sie fügen hinzu, daß dies auch heute noch vorkommt, obwohl es offiziell nicht gestattet ist. Da haben Sie den „springenden Punkt": Das Mutterrecht war e h r l i c h, das Vaterrecht ist L ü g e und H e u c h e l e i auf beiden Seiten.

Uebrigens herrschte der regellose Geschlechtsverkehr und später die geregelte Gruppenehe nur auf der Stufe der Wildheit. Auf der Stufe der Barbarei schuf das Weib die mutterrechtliche Einzelehe (vergl. die Irokesen).

Sie sagen: „Für die Rückkehr solcher Zustände treten Frauen ein, die sich zu den fortschrittlichen zählen! Sehen Sie denn nicht ein, daß diese Zustände nur möglich waren, in jener Zeit, die b a r j e d e r K u l t u r, daß diese Zustände denen entsprachen, die sie schufen?

Daß die Stufe der Barbarei ohne jede Kultur ist, muß ich bestreiten. Wir haben – mit einigen Unterschieden zwischen den Völkern der westlichen und der östlichen Halbkugel – auf jener Stufe die Züchtigung und Zähmung von Tieren und die Kultur von Pflanzen, später den Feldbau im großen mit der eisernen Pflugschar, wir haben die Erfindung der Töpferei, den Gebrauch von Stein und Ziegeln zu Gebäuden, die Verarbeitung der Metalle, die Erfindung der Buchstabenschrift, Kunsthandwerk, die Wagen und Streitwagen, Schiffbau, Anfänge der Architektur, Litteratur (das Homerische Epos und die gesamte Mythologie).

Man kann diese Zeit also wohl nicht – „bar jeder Kultur nennen"!

Und diejenigen, die sie schufen? Der Mann, der diese Arbeiten leistete? Die Frau, die diesen Mann gebar und erzog? Besonders letztere scheint ihre Aufgabe besser verstanden zu haben, als die Mutter von heute, die Sie schildern. Das kam daher, daß sie f r e i war, – frei als Frau und Mutter, frei und geachtet als Mutter des Menschengeschlechtes. Die Mutterschaft war damals eine s o z i a l e A u f g a b e. Die Kinder, die das Weib gebar, waren der Reichtum und die Hoffnung ihrer Gens. Eine Mutter oder eine werdende Mutter wurde daher mit besonderer Achtung behandelt. Eine werdende Mutter durfte z. B. jederzeit in öffentliche Gärten eintreten um sich an ihren Früchten zu laben.

Hinter der Frau stand ihre Sippe oder Gens. Sie war also nicht schutz- und rechtlos dem Manne in die Hände gegeben, der ihr Ehemann war. Wurde die Ehe getrennt, so blieben die Kinder ihr und ihrer Gens Eigentum. Fehlte in solchen Fällen auch der v ä t e r l i c h e Einfluß, so fehlte doch den Kindern nicht der m ä n n l i -

che erzieliche Einfluß überhaupt. Dazu waren die männlichen Verwandten der Mutter da.

Diese Mutter nahm n i c h t die Stellung der h e u t i g e n u n e h e - lichen Mutter ein, wie Dr. Max Thal nach Ihrem Zitat schreibt. Denn die heutige uneheliche Mutter ist der Willkür des Mannes, der Aechtung von Staat und Gesellschaft ausgeliefert, sie wird vielfach von ihrer Familie verstoßen („Heimat", „Maria Magdalena" von Hebbel) kurz, sie genießt samt ihrem Kinde den ganzen Fluch geschlechtlicher Abhängigkeit, den der Mann mit Einführung des Vaterrechts über sie verhängte.

Sie hat heute nur zu wählen zwischen lebenslanger Entsagung oder lebenslanger Knechtschaft.

Bei einer Heirat darf s i e nicht wählen, sondern sie w i r d gewählt nach den Eigenschaften, die dem M a n n e passen.

Mit Einführung des Vaterrechts ist ihre Mutterschaft also nicht mehr die Folge i h r e r f r e i e n W a h l, und auch keine s o z i a l e Aufgabe, sondern die Frau ist jetzt nur mehr G e b ä r a p p a r a t im D i e n s t e e i n e s e i n z e l n e n, um ihn die für sein K a p i t a l nötigen E r b e n zu l i e f e r n. Und dies ist ihre Stellung auch da, wo es nicht einmal was zu erben giebt.

Angesichts dieser Lage der Frau wollen Frauen s c h w a n k e n in der Wahl zwischen V a t e r r e c h t und M u t t e r r e c h t? Sie wollen sich wehren gegen den V e r s u c h d e r f r e i e n m u t t e r - rechtlichen E h e a l s U e b e r g a n g zum M u t t e r r e c h t? Man kann nicht von heute auf morgen eine andere Familienform dekretieren. Uebergänge müssen sein, und sie dauern oft Jahrhunderte. Aber ein Anfang muß gemacht werden.

Diesen Anfang sehe ich darin, daß man die freie mutterrechtliche Ehe anerkennt und schützt, welchem Stande die Mutter auch immer angehöre.

Und daß man zweitens Möglichkeiten schafft für eine Vermehrung von Neigungsehen überhaupt, gleichviel ob vaterrechtlich oder mutterrechtlich. Dazu gehört in erster Linie die Freigabe aller Erwerbsmöglichkeiten. Also – im Hinblick auf die Lehrerin z. B. – Belassung im Amte und späterer Abgang mit Pension.

Dazu gehört aber vor allen Dingen, daß die fortschreitende Frau den unglückseligen Gegensatz von „Beruf" und „Mutterschaft" von Körper und Geist, von „geistig" und „tierisch" aufgiebt und sich der schönen, einfachen, frommen Worte der heiligen Vedischen Bücher erinnert. Eduard Carpenter sollte man fleißig lesen. Ich habe bei der Lektüre dieses Buches, das man mir schenkte, als das meinige erschienen war, mit gerührtem Erstaunen wahrgenommen, mit welcher frommen Schlichtheit ein Mann uns Frauen sagt, was wir erstreben müßten und was er von uns erhofft.

„Aus weiten Zeitfernen hinter uns, von den Stirnen griechischer Göttinnen und Sibyllen nordischer und germanischer Seherinnen und Prophetinnen schauen über alle diese armselige Zivilisation hinweg die großen, ungebändigten Augen eines Weibes, wie es

96

einst war, die gleichberechtigte, stolze Gefährtin des Mannes, und wir müßten in der traurigsten Hoffnungslosigkeit leben, sähen wir nicht bereits von Ost und West und Süd und Nord am Horizont aufleuchtend die antwortenden Mienen neukommender, werdender Frauen, die heute, da die Zeit der Sklaverei des Weibes zu schwinden beginnt, grüßende und erkennende Blicke nach ihren älteren Schwestern durch die Zeitalter, die sie trennen, senden."

Und:

„Mit der Rückkehr der Frauen zur Freiheit wird das weibliche Ideal vielleicht wieder Oberhand gewinnen. Und dann wäre es möglich, daß die würdigere und ernstere Empfindungsweise der Frauen in allen geschlechtlichen Dingen, auch der geschlechtlichen Zuchtwahl, sobald d i e F r a u e n sie wieder ausüben werden, einen vornehmeren Charakter verleihen wird, als sie ihn heute, wo die Männer sie ausüben, trägt. So viel ist jedenfalls unschwer zu erkennen, daß die Weiber, die wirklich f r e i sind, niemals die vielen erbärmlichen und unsauberen Männertypen zu ihren Ehegenossen wählen würden, die heute a l l e s durchsetzten zu können scheinen, noch darein willigen würden, von solchen Männern Kinder zu bekommen.

Und wir können uns leicht vorstellen, daß der weibliche Einfluß auf diese Weise zur Entwickelung einer vornehmeren und männli-

cheren Rasse führen wird als die, die sich in unseren Tagen in einer
auf Handel und Schacher Kultur gebildet hat."[9]

Indem ich hoffe, daß Sie, sehr geehrte Frau, bei vielleicht noch-
maligem Lesen meines Buches „Das Recht auf die Mutterschaft"
das Mißverstandene in dem Sinne sehen werden, in welchem es gemeint und geschrieben ist, begrüße ich Sie verehrungsvoll als

Ihre

sehr ergebene

Ruth Bré.

***

3 ARTIKEL

3.1

Da schlägt uns die rettende Stund, Christ in Deiner Geburt erschien 1909 in der von Helene Stöcker herausgegebenen Zeitschrift
DIE NEUE GENERATION (Nr. 1, S. 42-46). *DIE NEUE GENE-
RATION* war das Publikationsorgan des Bundes für Mutterschutz
und wurde von 1908 bis 1932 verkauft und an seine Mitglieder
versandt.

---

[9] Edward Carpenter: „Wenn die Menschen reif zur Liebe
werden"

Da uns schlägt die rettende Stund, Christ, in deiner Geburt

So klang der Schlusschor der Christnachtandacht, während die Gläubigen den Portalen der altehrwürdigen Stadtkirche entströmten.

So klangs – und die Klänge mischten sich mit dem feierlichen Glockengeläut, und ein dichter, aber nicht unfreundlicher Nebel hüllte Häuser und Menschen ein und die Tannenbäume auf dem Marktplatze und die Christmarktbuden und die Gaslaternen und liess so die feierliche Stunde und Szene noch feierlicher und geheimnisvoller erscheinen.

Und durch den Nebel klang eine unirdische Musik von unsichtbaren Bläsern:

> „O du fröhliche, o du selige
>
> Gnadenbringende Weihnachtszeit!
>
> Welt ging verloren,
>
> Christ ward geboren,
>
> Freue, freue dich, o Christenheit!"

Es war die Stadtkapelle, die am Schluss der Christnachtandacht dies

> „Freue, freue dich!"

allen Stadtkindern ins Ohr und ins Herz tönen liess.

Seit langer Zeit habe ich keine so festliche feierliche Christnacht erlebt, wie hier im alten ehrwürdigen Naumburg an der Saale.

In meinem heimatlichen Riesengebirgsdorfe liegen die Wohnungen zu weit auseinander. Auch ist kein Zentrum da, wo „ganz Herischdorf" sich zur Christnachtfeier einfinden könnte. – In Gross-Berlin wiederum ist es noch viel weniger möglich, „ganz Berlin" unter einen Hut zu bringen. Auch lässt das Jagen und Hasten der Weltstadt eine rechte Sehnsucht nach Christnachtfeier gar nicht aufkommen.

Aber hier in Naumburg, dem alten Bischofssitz und dem jetzigen Alters-Ruhesitz vieler fleissiger und verdienstvoller Menschen, die sich vom Tagewerk ihrer Lebensarbeit zurückgezogen haben, h i e r hat alles Zeit, hier hat auch alles die Sehnsucht, am Christabend zusammenzuströmen, um das Christfest in andächtiger Gemeinsamkeit zu beginnen und in weihevoller Freude.

„Christ ist geboren,

Freue dich, o Christenheit!"

So erklingt der Jubelsang. Und: „Freuet euch, nun ist die Stunde da! Der Heiland wird euch alles, alles geben, was ihr braucht und von ihm bittet", so sprach der Geistliche auf der Kanzel.

Dieses Wort klingt sehr verheissungsvoll.

„Alles geben, was not ist?"

Das klingt sehr verheissungsvoll.

Dieses Wort mahnt mich an ein Vorkommnis der letzten Tage, – auch an eine Geburtsstunde.

Halte den Atem an, Leser, – ich will Dir davon erzählen.

Du hast jetzt in der Christnacht mit Rührung die Weihnachtsgeschichte gehört. Es hat dich unendlich ergriffen, dass „das Christuskind im Stalle geboren wurde, da sie sonst keinen Raum in der Herberge hatten".

Ein Stall, – es ist wahr – ist kein Prunkgemach. Aber es ist doch ein warmes, schützendes Nest. Es ist ein ruhiger Winkel. Ein Stall pflegt auch ein Dach zu haben.

Da war doch das Christkind noch zu beneiden, da war seine Mutter noch zu beneiden gegen ein anderes Kind, das vor wenigen Tagen geboren wurde, gegen eine andere Mutter, die vor wenigen Tagen Mutter wurde. –

Kurz vor dem Weihnachtsabende kam in das Bureau für Mutterschutz in Berlin-Wilmersdorf, Trautenaustr. 70, eine werdende Mutter, schon in Geburtswehen. Sie gab an, ihre Dienstherrschaft, eine Arztfamilie in Lankwitz, bei Berlin, hätte sie nicht früher fortgelassen, trotzdem sie um Entlassung gebeten habe.

Die Leiterin des kleinen, vollbesetzten Mutterheims konnte nichts andres mehr tun, als die Arme schleunigst in ein Automobil zu setzen. Sie gab ihr eine Begleiterin mit und schickte sie ins Charlottenburger Krankenhaus. Dort nahm man die in Wehen Befindliche nicht auf, weil sie in Charlottenburg nicht gemeldet war.

Man schickte sie – wieder im Automobil – in ein anderes Krankenhaus (Westend). Dort musste man sie bereits auf der Tragbahre ins Haus tragen.

Als sie schon auf dem Geburtstische lag, kam der Oberarzt und verfügte: „Wir haben hier keine Entbindungsanstalt". Liess sie wieder auf der Tragbare ins Automobil zurücktragen und schickte sie abermals ins Charlottenburger Krankenhaus.

Auch jetzt nahm man sie hier nicht auf, sondern schickte sie nach der Unfallstation. Daselbst wurde nach wenigen Minuten das Kind geboren.

Der Chauffeur, ein alter, mitleidiger Mann, hatte unterwegs fortwährend gejammert: „Das arme Mädchen! Das arme Mädchen!" – Ein jüngerer Mensch hätte sie gewiss gar nicht in sein Auto genommen aus Besorgnis, es zu verunreinigen.

Die Fahrt kreuz und quer hat der „Bund für Mutterschutz" mit 5,80 Mark bezahlt. Was wäre geschehen, wenn kein „Bund für Mutterschutz" dagewesen wäre, um 5,80 Mark zu bezahlen – oder kein mitleidiger alter Mann, der die Arme gefahren hätte?

Ihr alle, die Ihr gerührt hört, dass Christus in einem Stalle geboren wurde, bedenkt: ein Stall, ein weiches Lager von Stroh und Heu, ist immer noch eine friedlichere Geburtsstätte, als ein rasendes Automobil und eine Unfallstation.

Ihr Herren Aerzte, Oberärzte usw., die Ihr rührende Weihnachtsfeiern veranstaltet: schlagt an Eure Brust und denkt der Stunde, da Ihr das arme gebärende Weib auf der Tragbahre ins Automobil geschleppt und von Krankenhaus zu Krankenhaus gejagt habt!

Schlagt an Eure Brust, Ihr Christen, dass so etwas in Eurem christlichen Staate überhaupt möglich ist.

Stellt Euren Staat zur Rede, dass er so etwas duldet!

Ist die Unfallstation vielleicht die geeignete Geburtsstätte für Staatsbürger?

Ihr Pastoren, die Ihr jetzt auf der Kanzel versichert habt, dass uns mit Christi Geburt alles geschenkt sei, dass jetzt die Rettung da sei: macht Euer Wort wahr! Sorgt dafür, dass Kinder nicht mehr im Automobil und auf der Unfallstation geboren werden müssen, sondern dass sie wenigstens einen ruhigen Winkel haben, ein schützendes Dach, ein Lager – und sei's auch nur in einem Stalle!

Wenn Ihr nicht nur Wortchristen seid, sondern Christen der Tat, so zeigt es jetzt!

In dieser ganzen, zum Himmel schreienden Episode haben nur drei wahre Christen mitgewirkt: der alte, mitleidige Chauffeur, die junge Begleiterin, die diese furchtbare Fahrt mitgemacht hat, und die Leiterin der Mutterheims, die das Auto beschafft und bezahlt hat.

Aber jetzt wird es anders. Der Pastor hat's uns auf der Kanzel versprochen, dass jetzt „die rettende Stunde da ist" und „wir erhalten, was not ist".

Und der christliche Staat wird seine christlichen Pastoren nicht Lügen strafen wollen.

Uebers Jahr werden Geburtsstätten vom Staate geschaffen sein – überall!

Uebers Jahr werden wir, wenn die rührende Weihnachtsgeschichte verlesen wird, nicht mehr an die gehetzte gebärende Mutter im Automobil denken müssen.

Weihnachten 1908.   Ruth Bré.

Nach der Veröffentlichung dieses Artikels wurden Helene Stöcker und Ruth Bré von den beschriebenen Charlottenburger Ärzten verklagt.

***

3.2 *Geboren am Weihnachtsabend* erschien 1909 in der darauffolgenden Ausgabe der Zeitschrift *DIE NEUE GENERATION* (Nr. 2, S. 82-85).

Geboren am Weihnachtsabend

Unter dieser Spitzmarke ging durch die Presse ein der „Neuen Generation" (Herausgeberin Dr. phil. Helene Stöcker, Publikationsorgan des Bundes für Mutterschutz), Heft 1/1909, entnommener Bericht, wonach eine Gebärende kurz vor Weihnachten (am 15. Dezember) von Krankenhaus zu Krankenhaus gejagt worden sei, ohne Aufnahme zu finden.

Die Absicht unserer Veröffentlichung ging nicht dahin, einer einzelnen Institution besondere Versäumnisse vorzuwerfen, sondern zu zeigen, wie mangelhaft bis heute Staat und Gesellschaft für die werdenden Mütter und für die Gebärenden und damit auch für das Wohl der jungen Generation sorgen, deren gesunde Entwicklung doch eine Lebensfrage für den Staat ist.

Unter derselben Spitzmarke sucht nun der Magistrat von Charlottenburg unsere Ausführungen als unrichtig hinzustellen und die Charlottenburger Krankenhäuser zu entlasten. Er versendet folgende Richtigstellung:

GEBOREN AM WEIHNACHTSABEND

Unter diesem Stichwort ist in der „Neuen Generation" ein Artikel erschienen, der die Behauptungen enthält, kurz vor dem Weihnachtsabend sei ein schon in Geburtswehen befindliches Dienstmädchen vor dem Charlottenburger Krankenhause (Kirchstrasse) abgewiesen worden, weil es in Charlottenburg nicht gemeldet war; dann sei das Mädchen nach dem Krankenhause Westend geschickt, dort aber auf Anweisung des Oberarztes vom Geburtstisch weg in das zum Transport benutzte Automobil zurückgetragen, wiederum nach dem Krankenhause Kirchstrasse gebracht und schliesslich von diesem unter nochmaliger Abweisung einer Unfallstation überwiesen worden, wo nach wenigen Minuten das Kind geboren sei.

„Diese Angaben sind fast ausnahmslos entstellt oder völlig unwahr. Richtig ist folgendes:

Am 15. Dezember v. J., abends nach 7½ Uhr traf in einer Automobildroschke das in Reinickendorf in Stellung gewesene Dienstmädchen St. im Krankenhause Westend ein, um sich zur Entbindung aufnehmen zu lassen. Bei ihm befand sich eine Frau Sch., die von dem Bureau für Mutterschutz in Wilmersdorf, wo sich die St. zuerst gemeldet hatte, zur Überwachung der Fahrt nach einem Charlottenburger Krankenhause bestimmt worden war. Als die Beiden von der Aufnahmeschwester darauf hingewiesen wurden, dass in Westend eine Entbindungsabteilung nicht vorhanden sei, dass Wöchnerinnen vielmehr nur im Krankenhause Kirchstrasse aufgenommen würden, bedauerte die Begleiterin, dass ihr im Bureau für Mutterschutz nicht entsprechend richtige Anweisungen erteilt worden seien. Inzwischen hatte die Aufnahmeschwester die St. veranlasst, sich auf einen Rollstuhl zu legen und ferner einen Arzt herbeigerufen, um dessen weitere Bestimmung entgegenzunehmen. Denn im Falle irgend welcher Gefahr wäre die Kranke selbstverständlich in Westend verblieben, obwohl dort besondere Einrichtungen für Wöchnerinnen nicht bestehen. Der Arzt stellte aber fest, dass die Fahrt nach dem zuständigen Krankenhause in der Kirchstrasse unbedenklich sei und gab deshalb der Kranken und ihrer Begleiterin die Anweisung, sich nach diesem Krankenhause zu begeben. Für den Transport wurde dieselbe Automobildroschke benutzt, welche die St. nach Westend gebracht hatte und welche noch vor dem Krankenhause hielt. Die Aufnahmeschwester hat die Kranke fürsorglich auf dem Rollstuhl bis zur Droschke rollen lassen. Im Krankenhause Kirchstrasse ist dann die St. ohne jede Weiterung schon um 8 Uhr aufgenommen worden. Wie richtig der Arzt in Westend den Fall beurteilt hat, geht daraus hervor, dass die Entbindung der St. erst am folgenden Tage vormittags 10 Uhr stattgefunden hat. Die Wöchnerin und ihr Kind sind am 2. Januar 1909 gesund aus dem Krankenhause entlassen worden. Aus diesen Tatsachen ergibt sich das Gegenteil der in dem Artikel aufgestellten Behauptungen und Betrachtungen: es ist nicht eine Gebärende rücksichtslos von Krankenhaus zu Krankenhaus geschickt und schliesslich ganz kurz vor der Entbindung einer Unfallstation zugeführt worden, sondern es ist eine Schwangere, die in Charlottenburg nicht wohnhaft und nicht ortsangehörig war, in das für die Entbindungen in Betracht kommende Charlottenburger Krankenhaus ohne jede Weiterung aufgenommen worden.

Die Angelegenheit wird noch Gegenstand eines gerichtlichen Verfahrens sein."

Darauf erwidern wir:

1. Der Magistrat v e r s c h w e i g t vollständig (oder es ist ihm verschwiegen worden), dass die St. zuerst im Krankenhaus C h a r l o t t e n b u r g, K i r c h s t r a s s e, Aufnahme gesucht hat, da dort die nächste Entbindungsanstalt von Willmersdorf aus ist. Dorthin schickte sie das Büro des Bundes für Mutterschutz, dorthin brachte sie die ihr mitgegebene Begleiterin, Frau Margarete Sch. Dort wurde Frau Sch. v o n e i n e m H e r r n i m B ü r o abgewiesen, weil die St.

nicht ortsangehörig sei. (N. B.: es standen an dem
Tage 8 Betten leer!) Dort stand vor Portal III das Auto
mit der St., die von Schwestern gesehen und getröstet
wurde, da sie schon jammerte.

2. Erst nach dieser Abweisung, fuhren die Frauen nach
   Westend. Dort musste die St. schon ins Untersuchungs-
   zimmer gefahren werden. Die Schwester telephonierte:
   „Doktor möchte sofort herunterkommen. Eine
   Schwerkranke." – Trotzdem wurde die Schwerkranke wieder ins Auto geschafft, obwohl sie nicht mehr
   gehen konnte, sondern zusammenbrach, – und obwohl
   eine Dame in langem, schwarzem Kleide heftig gegen
   das Wegschaffen protestierte, „da es ja schon so weit
   sei". Trotzdem hielt der Arzt in Westend eine Weiter-
   fahrt für zulässig. Trotzdem ihm Frau Sch. sagte, dass sie
   in der Kirchstrasse schon abgewiesen seinen, gab er die
   Ordre, nach Krankenhaus Kirchstrasse zurückzufah-
   ren, denn in Westend sei keine Entbindungsanstalt. Der Arzt hat diese Ordre ausgegeben, nicht
   die Schwester.

3. Auf der Rückfahrt nach Kirchstrasse kamen die beiden
   Frauen nur noch bis zur Unfallstation. Hier ist der einzige Irrtum, der sich in unserem Bericht eingeschlichen
   hat. Die Frauen haben zum zweiten Male im Krankenhaus Kirchstrasse nicht angefragt, erstens, weil man sie ja

schon abgewiesen hatte, und zweitens, weil die St. nicht mehr weiter konnte. Sie weinte und schrie schon so laut, dass die Leute auf der Strasse aufmerksam wurden. Sie kniete zuletzt im Automobil in rasenden Geburtsschmerzen. So liess die Begleiterin, Frau Sch., sie auf der Unfallstation zurück.

Es ist also unrichtig, dass das Krankenhaus Charlottenburg-Kirchstrasse, sie „ohne jede Weiterung" aufgenommen habe. Sie ist vom Krankenhause-Kirchstrasse überhaupt nicht aufgenommen worden, sondern von der Unfallstation. Dafür ist Beweis: Die Unfallstation telephonierte bei dem „Bund für Mutterschutz" wegen Bezahlung der Kosten an.

Ob und wann sie sich später geholt hat, entzieht sich unserer Beurteilung. Auf der Unfallstation war sie gegen 9 Uhr abends, wie kann sie da um 8 Uhr schon im Krankenhause gewesen sein? Frau M. Sch. kam gegen ½10 Uhr mit dem Auto zurück, von Kirchstrasse bis Trautenaustrasse fährt sie mit dem Auto keine halbe Stunde.

Es ist unrichtig, dass es sich um eine Schwangere gehandelt hat. Es handelte sich um eine Gebärende. Eine Frau, die nicht mehr gehen und stehen kann, die laut schreit, die im Auto knieend sich windet, das ist eine Gebärende.

5. Es ist unrichtig, dass die St. gesund aus dem Krankenhause entlassen worden ist. Erstens musste sie 18 (!) Tage

dort bleiben, weil sie erkrankt war. Und nach ihrer Entlassung zeigten sich noch (bis heute) Krankheitserscheinungen.

Wir sehen dem in Aussicht gestellten gerichtlichen Verfahren entgegen.

Inzwischen haben wir unsrerseits dem Landtage und dem Reichstage die Angelegenheit unterbreitet.

Ruth Bré.

Der Bund für Mutterschutz wird, um eine Klarstellung dieser Zustände und einer Erörterung etwaiger Mittel zu ihrer Besserung zu erwirken, am Montag, 15. Februar, abends 8½ Uhr, im Saal der Viktoriabrauerei, Lützowstrasse 111/112 in Berlin, eine öffentliche Volksversammlung abhalten, zu der auch die interessierten kommunalen Stellen eingeladen werden. Das Thema lautet: „Obdachlose Gebärende, ein Protest gegen schreiende Missstände". Referenten: Ruth Bré, Adele Schreiber, Sanitätsrat Dr. Arendt und Pastor Kiessling, Hamburg. Diskussion. Eintritt frei. Um zahlreiches Erscheinen wird bei der Wichtigkeit des Gegenstandes gebeten. Der Vorstand des Deutschen Bundes für Mutterschutz.

***

Im Prozess, den die Berliner Ärzte gegen die Mutterrechtlerinnen führten, wurde Helene Stöcker freigesprochen und Ruth Bré zu einer Geldstrafe verurteilt.

3.3 Dieser Aufruf erschien 1910 in *DIE NEUE GENERATION* (Nr. 1, S. 54-56). Die Rettungsaktion zählte zu den größten Erfolgen Brés. Sie kümmerte sich bis zu ihrem Lebensende um die Gefangene.

Aufruf für ein Begnadigungsgesuch für die zum Tode verurteilte Kindesmörderin.

WIR HABEN KEIN VATERLAND. Heimatgenossen, die Ihr dieses lest: Wir haben kein Vaterland!

Auf einer Reise durch das Ausland sehnte ich mich nach der Heimat zurück, dem vielgeliebten Vaterlande! Da erreicht mich in Wien der Hilferuf einer Lehrerin aus Frankfurt a. Main.

Sie haben in meiner Abwesenheit in Schlesien, meiner engeren Heimat, eine Mutter zum Tode verurteilt, weil sie ihr Kind getötet hat.

»Wer Blut vergießt, deß Blut soll wieder vergossen werden!« Mit diesem düsteren Spruch begann der Vorsitzende die Urteilsverkündigung.

Furchtbar war die Wirkung.

Ja, aber wer, wer hat denn das Blut des Kindes Hedwig Werner vergossen??

Wirklich die verurteilte Mutter?

Sie ist eine Dienstmagd, Anna Werner. Sie ist selbst ein lediges Kind. Niemand hat ihr Liebes getan. Schon während ihrer Schulzeit mußte sie beim Bauern dienen. Als sie dann einer lieb hatte oder lieb zu haben vorgab, und sie ein Kind gebar, hat sie für dieses Kind gesorgt, auch als der Vater sie im Stich ließ. Sie hat jeden Groschen hingegeben, hat 11,50 M. im Monat verdient, hat anfangs 12 M., später als der Vater nichts mehr beitrug, durch das Entgegenkommen der mitleidigen Pflegefrau 10 M. für das Kind bezahlt, hat es auch öfters besucht: mehr kann keine Mutter für ihr Kind tun, mehr kann kein Vater für sein Kind tun, ganz gleich, ob ehelich oder unehelich. Mehr als seinen letzten Groschen für sein Kind geben, um niemanden zur Last zu fallen, *mehr kann kein Mensch tun!*

Wie hat man der Anna Werner, der aufopfernden Mutter, gedankt? Was hat man dem Kinde getan, für das seine Mutter ganz allein sorgte?

Man hat das Kind ausgewiesen aus jeder Gemeinde, in der die Mutter es untergebracht hat. Man hat es ausgewiesen, weil es vielleicht einmal unterstützungsbedürftig werden *könnte!* Und weil das dann dem betreffenden Herrn Gemeindevorsteher »Scherereien« machen könnte, wie er sich in der Verhandlung ausdrückte!

Beamte des Reiches, wer von Euch hat durch sein Amt keine »Scherereien«? »Würde bringt Bürde«. Und wer die Bürde nicht tragen will, dem soll man auch die Würde abnehmen.

Deutsche, wehrt Euch gegen Beamte, die sich keine »Scherereien« machen wollen und aus Bequemlichkeit Landeskinder in den Tod und zum Verbrechen treiben! »Was soll werden, wenn diese traurige Bequemlichkeit überall Platz greift?« hat der Verteidiger der Anna Werner, Herr Rechtsanwalt Dr. Loewy, in Glatz in der Verhandlung gefragt! Ja, was soll werden, wenn alle Gemeindevorsteher so handelten wie die Gemeindevorsteher von Oberhannsdorf, Niederhannsdorf, Ullersdorf und Glatz? Denn man hat das Kind aus vier Gemeinden ausgewiesen: aus Oberhannsdorf, Niederhannsdorf, Ullersdorf und Glatz. Alle Bitten der Mutter, das Kind doch in Ruhe zu lassen, waren umsonst. Der Vormund kümmerte sich nicht. Kein Mensch half ihr. Da ist sie gegangen mit dem Kinde und hat es getötet. – »Sie *mußte* töten«, hat der Verteidiger in der Verhandlung gesagt. Sie mußte das Kind töten und in die barmherzige Erde vergraben, weil auf der Erde kein Platz für das Würmchen war, nicht in Oberhannsdorf, Niederhannsdorf, Ullersdorf und Glatz.

Haben wir ein Vaterland?

Wo ist es? Wo?

Wo liegt das Land, in das Menschen gehören, die in keiner Gemeinde ortsangehörig sind und die man nicht ortsangehörig werden läßt? Müssen sie auf der Landstrasse verkommen? Müssen sie in die Erde vergraben werden?

Wir singen Lieder »vom Vaterland«. Unsere Kinder singen sie. Es ist alles Lüge, Lüge!

Wir haben kein Vaterland! Wir haben nur die Gemeinden »Oberhannsdorf«, »Niederhannsdorf«, »Ullersdorf« und »Glatz«. Und wer dahinein nicht gehört, den grabt in die Erde! – Deutsche Dichter, dichtet sie um, die Nationalgesänge. Macht Spezialhymnen für jede Ortschaft daraus!

»Was ist des Deutschen Vaterland?« lautet die Frage. Und: »Das ganze Deutschland soll es sein!« lautet die Antwort.

Lüge ist es, Lüge!

Das ganze Deutschland ist mit nichten unser Vaterland.

»Herrscher des Vaterlands«, wird gesungen. Lüge, Lüge! Es gibt kein Vaterland. Also gibt es auch keinen »Herrscher des Vaterlands«. Singt hübsch: »Herrscher von Ullersdorf, Niederhannsdorf usw.«

Und weil nun das Kind Hedwig Werner nirgends ein Vaterland hatte, nirgends bleiben durfte, hat man die Mutter, die es in stetig wachsender Verzweiflung tötete, zum Tode verurteilt.

»Wer Blut vergießt, deß Blut soll wieder vergossen werden.«

Wer, frage ich abermals, hat das Kind auf dem Gewissen?

Die Mutter?

Oder die Gemeindevorsteher von Oberhannsdorf, Niederhannsdorf, Ullersdorf und Glatz?

Was meint Ihr, Heimatgenossen?

Setze man die auf die Anklagebank, die darauf gehören!

Meint Ihr nicht?

Wir wollen ein Gesuch um Begnadigung an den König richten. Unterschreibt es alle, die Ihr diesen Aufruf lest! Tausende von Stimmen müssen emporbrausen ob solcher Geschehnisse. Sind wir ein Kulturvolk? So etwas tun ja nicht einmal die Wilden. Die Wilden töten den Feind und fressen ihn auf. Aber sie verfolgen nicht ein Kind *ihres Stammes!* Sie bringen nicht eine Mutter ihres Stammes zur Verzweiflung. Die Wilden werden sich über Deutschland wundern.

Mütter, die Ihr Kinder geboren habt, – unterschreibt!

Väter, die Ihr ein Herz für Kinder habt, unterschreibt!

Alle, die Ihr einmal im Leben verfolgt und gejagt worden seid und nicht mehr aus und ein gewußt habt, – unterschreibt.

Und schickt mir ein wenig Geld, daß ich den Kampf fortsetzen kann. Ich habe alles für andere geopfert, ich kann diesen Kampf nicht allein führen. Vielleicht verjagt mich die Gemeinde auch wieder, wie es schon einmal anderwärts geschehen ist, weil ich für den »Mutterschutz« agitiere. Aber ich kann nicht schweigen. Wer zu solchen Dingen schweigt, ist mitschuldig. – Ich bin sogleich nach Glatz gefahren und habe an Ort und Stelle geforscht. Was ich Euch sage, ist wahr. Darum helft mir und unterschreibt!

Ruth Bré.

Unterschriften zum Begnadigungsgesuch sind zu richten an die Redaktion der »Neuen Generation« (Herausgeberin Dr. phil. Helene Stöcker), Berlin-Friedenau, Sentastraße 5.

Geldspenden an Frau Ruth Bré, Herischdorf im Riesengebirge.

***

3.4 *Anna Werner begnadigt* erschien 1910 in der ersten Ausgabe des Blattes *Mutterschutz und Kindesrecht* (S. 3-7), das Ruth Bré im Selbstverlag herausgab.

Anna Werner begnadigt.

Die Dienstmagd Anna Werner in Glatz war bekanntlich zum Tode verurteilt worden, weil sie ihr eigenes 11 Monate altes Kind Hedwig getötet hatte.

Sie war zu dieser Tat durch die Ausweisungen ihres Kindes aus vier Gemeinden getrieben worden. Nie hat sie die Absicht gehabt, das Kind zu töten. Sonst hätte sie es gleich nach der Geburt getötet. Sonst hätte sie es nicht 11 Monate ernährt und versorgt, – versorgt unter den schwierigsten Umständen. Denn die Verwandten ließen sie im Stich, der Vater des Kindes ließ sie im Stich, einmal, weil er eine Strafe zu verbüßen hatte, sodann aber, weil ein Gemeindevorsteher ihn aufgeredet hatte, »daß er es der Mutter nicht so leicht machen sollte!«

116

Netter Hüter des Gesetzes, dieser Gemeindevorsteher. Ich werde mich nach dem Edlen jetzt einmal umsehen und mich vergewissern, ob er nach diesen bewiesenen hervorragenden Qualitäten zum Staatsorgan heute noch Gemeindevorsteher ist. Bis jetzt hatte ich noch keine Zeit, mich um die in dieser Sache in Frage kommenden Gemeindevorsteher und sonstigen Mitwirkenden zu kümmern, weil man erst die Verurteilte retten mußte.

Wohl wußte ich, daß die Geschworenen ein Gnadengesuch eingereicht hatten. Allein der Verteidiger und auch alle anderen Juristen in Breslau und Berlin, die ich zu Rate zog, versicherten mir, daß, wenn es Erfolg hätte, Anna Werner doch nur zu „l e b e n s - l ä n g l i c h e m   Z u c h t h a u s" begnadigt würde, und daß höchstens nach einigen Jahren die Strafe herabgesetzt würde, vielleicht bis zu einem Minimum von 15 Jahren.

Nein! schrie es in mir auf! Das darf nicht sein! Das wäre keine Gnade. L e b e n s l ä n g l i c h   im Zuchthaus sitzen, mit dem Gedanken, wahrscheinlich l e b e n s l ä n g l i c h   d r i n   b l e i b e n   zu müssen, das wäre keine Gnade! Lieber tot!

Und dieser Ansicht waren viele. Als ich einen Aufruf zu einem Gnadengesuch erließ, antworten viele: „Wir unterschreiben nicht! L i e b e r   t o t   als lebenslängliches Zuchthaus!

Aber es muß ja nicht l e b e n s l ä n g l i c h e s   Zuchthaus sein. Des Königs Gnadenrecht ist unbeschränkt. Er kann auch auf weniger erkennen, w e n n   m a n ' s   i h m   n u r   r i c h t i g   v o r s t e l l t. Und wir haben ihm vorgestellt, wie die Anna Werner für ihr Kind aufopfernd gesorgt und ihren letzten Groschen hingegeben hat, um niemandes Unterstützung in Anspruch zu nehmen, – wie sie weite Wege gemacht hat, um nachts das Kind wochenlang selbst zu pflegen. Wir haben es ihm vorgestellt, wie die Gemeindevorsteher von Oberhannsdorf, Niederhannsdorf, Ullersdorf und Glatz trotzdem das Kind verjagt haben, obwohl sie keinen Pfennig Unterstützung zu zahlen brauchten, und wie dann endlich die arme Mutter das Kindchen zum letzten Mal auf den Arm genommen hat, um es in die barmherzige Erde zu vergraben, weil man es auf der Heimaterde nirgends duldete. Wir haben es dem König vorgestellt, wie wir kein Vaterland haben, sondern nur lauter einzelne kleinere und größere Gemeinden, die es glücklich soweit gebracht haben, daß eine deutsche Mutter mit einem deutschen Kinde auf der Straße steht und das Kind töten muß, weil es nirgends bleiben darf.

Und zu diesen Worten habe ich 5000 Unterschriften eingereicht, die Namen von 5000 Menschen, die mit mir eines Sinnes sind, die mit mir die gleiche Bitte an den König richten.

Und der König hat unsere Bitte erhört. Zu 10 Jahren Freiheitsstrafe hat er Anna Werner begnadigt. Also nicht lebenslänglich, nicht für unabsehbare Zeit wird sie der Freiheit beraubt sein, sondern nur absehbare Jahre. Heute ist sie 26 Jahr, in 10 Jahren wird sie 36 Jahr sein. Da ist das Leben noch auf der Höhe. Auch bin ich überzeugt, daß man von diesen zehn Jahren noch ein gut Teil wird abhandeln können. Im Justizministerium, wo ich in diesen Tagen noch persönlich vorsprach, hat man mir diese Hoffnung gemacht, ist man so menschenfreundlich gesinnt, wie ich kaum geglaubt hätte. In einiger Zeit, wenn sich Anna Werner gut führt, werde ich wiederkommen mit neuen Argumenten, mit weiteren 5 bis 6 tausend Stimmen, die für sie bitten, die ich noch nachträglich erhalten habe, nachdem das Gnadengesuch mit den ersten Fünftausend schon eingereicht war. Auch diese zweiten Fünftausend werden zum Könige sprechen.

Dem Staatsanwalt gegenüber habe ich mich bereit erklärt, Anna Werner zu mir zu nehmen, sobald sie entlassen wird, und bei mir zu behalten, bis sie den Weg zurück ins Leben findet. Auch im Justizministerium habe ich diese Erklärung abgegeben. Sie wird sich also am Tage ihrer Entlassung nicht »bleich und gebrochen aus der Zuchthauspforte zu schleichen brauchen«, wie mehrere Zeitungen fürchten, sondern ich werde sie a b h o l e n, und ich habe ja schon manches zerbrochene Menschenkind wieder aufgerichtet.

Ich möchte an dieser Stelle allen den Zeitungen danken, die mich in diesem Kampfe so tatkräftig unterstützt haben. Ich danke auch allen anderen, jedem einzelnen, daß mein Aufruf gehört und so rasch und tausendstimmig beantwortet worden ist.

Von allen Seiten sind Unterschriften eingegangen. K e i n A l t e r h a t g e f e h l t. Da ist eine 64 jährige Dame und die allerjüngsten Mädchen. Da sind junge Studenten und der greise Philosoph E r n s t H a e c k e l in Jena.

Kein Stand hat gefehlt. Vom Reichstagsabgeordneten angefangen (Köhler-Langsdorf, Dr. David, Dr. Südekum), bis zum einfachsten Tabakarbeiter oder Eisenhobler: alles ist vertreten. Professoren der Universitäten und höheren Lehranstalten, Geistliche, Juristen, Aerzte, Offiziere, Beamte, Lehrer, Kaufleute, Schriftsteller, Schauspieler, Techniker, Handwerker, Arbeiter, – alles erschien auf dem Plane. Ganze Fabrikwerke haben unisono unterzeichnet: Vom Direktor angefangen, alle Ingenieure, Techniker, kaufmännischen Beamten bis zum einfachsten Arbeiter.

Auch die Frauen erschienen in machtvollen Reihen auf dem Plan, wohlgebettete Frauen sowohl, wie erwerbstätige, im Lebenskampf stehende. Die Lehrerin, Schriftstellerin, Schauspielerin, Buchhalterin, Bürogehilfin, Telephonistin, Zahnärztin und praktische Aerztin, die Pflegeschwester, das Hausmädchen, die Köchin, – alle, alle gaben ihren Namen. – Auch die Führerinnen der Frauenbewegung sind zahlreich vertreten.

Aus Bayern bekam ich eine Anfrage, ob auch Nichtpreußen gewünscht würden. Natürlich! Der ganze Erdball wird gewünscht. Und es kamen Unterschriften aus München, Stuttgart, aus Rom, Mailand, Bern.

Aber auch die engere Heimat der Anna Werner hat mich mächtig gerührt, Breslau allein hat gegen 500 Unterschriften geliefert. Das sonstige Schlesien, vornehmlich Görlitz, sodann mein Riesengebirge und das Glatzer Bergland, wo Anna Werner ist, hat seine Meinung kundgegeben. Die Orte Glatz, Altheide, Schwedeldorf, Strehlen sind mit Namen, nicht nur der dienenden, sondern auch der besitzenden Klasse aufmarschiert. In großer Zahl haben auch die Polen unterschrieben, aufgerufen in der »Posener Zeitung« und den »Posener Neuesten Nachrichten«, die den »Bund für Mutterschutz« in Posen tatkräftig unterstützten.

Aber nicht nur Namen hat man geschickt, sondern auch Geld, – Geld, um Drucksachen, Reisen, und alles, was zu diesem Kampfe gehörte, bezahlen zu können und keine notwendige Maßnahme aus Mangel an Mitteln scheuen zu müssen. Und auch dafür danke ich allen, allen herzlich.

Der einzelne hat geschickt, was in seinen Kräften stand. Ganze Vereinigungen haben gesammelt in der Annahme:

»Viele wenig machen ein Viel«.

Gesammelt haben Männer und Frauen, 4 Treppen hoch wohnend, unter ihren Verwandten und Bekannten, bis ein Paar Mark zusammen waren. Menschen, die selbst mit Pfennigen rechnen müssen, haben immer noch Pfennige für andere übrig. Gesammelt haben ganze Fabriken: die Detersche Zigarrenfabrik, Strehlen, die Tabakarbeiter der Firma Rolke, Nieder-Peterswaldau, die Frauen der Glasarbeiter in Brunshausen bei Stade, – die Angestellten der Firma Bosch, Stuttgart. – Gesammelt haben ganze Arbeiterverbände: die Textilarbeiter Schweidnitz, die Textilarbeiter und -arbeiterinnen Ober-Langenbielau, – das Gewerkschaftskartell Niesky und Umgegend. – Gesammelt haben Frauenvereine: der Rheinisch-westfälische Frauenverband, Wetzlar, die sozialdemokratischen Frauen in Offenbach, die sozialdemokratischen Frauen Braunschweigs.

Von anderen Vereinigungen sind zu nennen: der Internationale Orden für Ethik und Kultur, Bern, die Guttemplerlogen in Görlitz, der spiritistische Verein Kohlendorf, ein Schauspielerstammtisch in Straßburg.

Von Zeitungen haben mir Geld überwiesen: die »Münchner Post« und das »Norddeutsche Volksblatt«, Bant in Oldenburg.

Die rührendsten Sammlungen sind wohl die folgenden: Die Patienten der Heilanstalt für Lungenkranke in Waldhof-Elgershausen, Kreis Wetzlar. Die Insassen sind meist Dienstmädchen, die sich mit großem Eifer beteiligt haben, wie der Arzt, Herr Dr. Liebe, mir schreibt. Auch haben sie 63 Stimmen abgegeben.

Eine zweite Sammlung, die eine erschütternde Sprache spricht, ist der arbeitslosen Tabaksarbeiter im Kreise Ohlau, arbeitslos durch das neue Steuergesetz, wie der Wortführer mir schreibt. Aber »auch sie wollen ein paar Pfennige zum Kampfe für Anna Werner geben, und wünschen, daß unsere Tat von Erfolg gekrönt sein möge«.

Zum dritten schreibt eine kranke Arbeiterin aus Eßlingen: »Ich schicke ein paar Mark und schreibe sehr schlecht, ich liege im Bett. Aber wenn Sie mehr brauchen, lasse ich Sammellisten unter den Genossinnen laufen.«

Nummer 4 ist ein Kolporteur aus Peterswaldau. Er schickt 50 Pfennige und bittet um Listen. Er will Unterschriften sammeln gehen – über Land.

Was aus diesen Worten und aus diesen Sammlungen spricht, ist eine Sprache so groß und mächtig, daß ihr Klang erschüttert. »Wir sind alle eins.« »Wir stehen alle für einen«. Wo kann noch eine Not sein im Vaterlande, wenn das ganze Volk so zusammensteht?

Ich bin reich belohnt für die Mühe, die ich aufgewendet habe, – reich belohnt durch diesen Einblick in die Volksseele, auf deren Grunde zu lesen steht: »Wir sind alle eins«.

Ich möchte alle die Menschen, die ich auf diesem Wege gefunden habe, nicht wieder verlieren. Ich möchte ein Band um uns alle schwingen und sende aus diesem Grunde dieses Blatt an alle die treuen Helfer. Wenn Ihr es haben wollt, dann tut es mir kund, dann will ich bald ein zweites folgen lassen. Und tut mir auch kund, was euer Herz beschwert, in allen Mitteilungen und Anfragen. Wir wollen zusammenstehn, nicht nur dies eine Mal für Anna Werner, sondern auch fernerhin: »Alle für einen!« Nicht wahr?

Herischdorf

im Riesengebirge. **Ruth Bré.**

***

4 Anfang des 20. Jahrhunderts konnten ledige, verstoßene Schwangere und Mütter unter bestimmten Voraussetzungen in sogenannten Rettungshäusern oder Mütterasylen Unterkunft finden. Diese Einrichtungen waren aber meist eine Mischung aus Besserungsanstalt und Arbeitslager – und die Kinder wurden den Müttern sehr oft weggenommen. Als 1910 ein modernes Mutterschutzhaus in Berlin öffnete, das die Mutter-Kind Beziehung erhalten wollte, begrüßte Bré diesen Fortschritt in einem 1911 erschienen Vorwort in: Ernst Rudolphi (Hg.): *Mutterschutz in Theorie und Praxis. Eine kritische Betrachtung dieser modernen Bewegung* (S. 3-5).

Vorwort.

Ich sehe Frauen unter grünen Zweigen
Am weissen Linnen näht die fleiss'ge Hand,
Ein stilles Hoffen liegt auf ihren Zügen, –
Tritt leise, Fremdling: hier ist M u t t e r l a n d .

Ich sehe Kinder in der Sonne spielen
Mit Halm und Blume im weissen Sand,
Es recken sich in Lebenskraft die Glieder
Mit frohem Jauchzen: hier ist K i n d e r l a n d .

Ich sehe V ä t e r vor dem Tore stehen,
Verlangend fast, als wollten sie herein,
Als wollten Weib und Kind ans Herz sie schliessen
Als möchten sie hier auch zu H a u s e s e i n .

Wo es liegt, dieses selige, stille Mutterland? Dieses sonnige, frohe Kinderland, diese Zuflucht so manches V a t e r s , der nicht kann, wie er will und doch sein Weib und sein ungeborenes Kind an eine Stätte voll Frieden bringen möchte?

Es liegt im Herzen von Deutschland, ganz nahe bei Berlin, in Pankow. Dort steht das „Mutterschutzhaus", das erste, das diesen

Namen führt. Das erste, das meinen Träumen und meinem Wollen entspricht und dem ich nur wünsche, dass es als Muster dienen würde für immer weitere Mutterschutzhäuser im ganzen Lande, damit wir dem Ziele näher kämen, m e i n e m Z i e l e . –

Ich gedenke des 12. November 1904, des Tages, der als der G e b u r t s t a g d e r M u t t e r s c h u t z b e w e g u n g zu betrachten ist. Ich hatte einige Wochen zuvor einen Aufruf in der Presse erlassen:

„Uneheliche Mütter, die einen Platz in der Welt suchen, wo sie ihre Kinder bei sich haben, selbst pflegen und erziehen können, finden Aufnahme und Beschäftigung zunächst auf dem Lande.“

Nun meldeten sich Mütter, so viele, dass ich nicht wusste, wohin mit ihnen. Aber auch Anhänger und Freunde meines Gedankens meldeten sich.

Mit den beiden ersten Anhängern schloss ich – da zu einem Bund immer drei sein müssen, – am 12. November 1904 in L e i p z i g , Hôtel Sachsenhof, den „B u n d f ü r M u t t e r s c h u t z “ . Dort wurde das Wort „Mutterschutz“ g e p r ä g t , von m i r geprägt. Die beiden Mitbegründer waren: Dr. L a n d m a n n , damals Eisenach, und Bezirksamtsassessor und Schriftsteller H e i n r i c h M e y e r , damals München. Dort in Leipzig verlebten wir drei Begründer Stunden wahrer Andacht. Wir schauten in rätselhafte Fernen und fragten uns: „Was wird aus dieser Stunde erwachen? Etwas Gutes? Etwas Weittragendes? Etwas Weltbedeutendes? Oder wird sie versinken, diese Stunde, in Nichts?“

S i e i s t n i c h t v e r s u n k e n i n N i c h t s !

126

Nein, tausendmal nein!

Viele Anhänger scharen sich heute um das Banner „Mutterschutz". Heute mehr als je.

Es lebt und gedeiht: mein Kind „Mutterschutz!" Ueber alle Fährnisse hinweg, durch alle Schwierigkeiten hindurch: es lebt und gedeiht!

Gefehlt hat's an Schwierigkeiten ja nicht. Kämpfe nach aussen, Kämpfe im Innern, d. h. im „Bund für Mutterschutz".

Aber der Bund ist nicht die Idee. Die Idee war zuerst, ehe der Bund war. Und die Idee wird sein, auch wenn eines Tages kein „Bund" mehr sein sollte. Viele haben den Bund verlassen, aber nicht die Idee. Während der Bund das Ziel verlor, – leider sich zu viel in Theorien erging, die ganz vom Mutterschutz abwichen, – hat eine Frau im stillen die reine Mutterschutz-Idee hochgehalten und in Wirklichkeit umgesetzt, – hat Frau Franziska Schultz in Pankow eben jenes Mutterschutzhaus geschaffen, jenes heilige Fleckchen Mutter- und Kinderland so nahe bei Berlin und doch so welten – weltenfern.

So lebt und gedeiht der Bund für Mutterschutz trotz aller Wirren, und mancher, der abgeirrt ist, wird vielleicht das Ziel wiederfinden, wenn er es verwirklicht vor Augen sieht.

Was ich jetzt für mein Kind „Mutterschutz" noch brauche, ist ein Vater. Dieser Vater heisst „Staat". Väter einzufangen ist nicht immer leicht. Aber an einem Rockende habe ich ihn schon, den „Vater Staat". Wenn ich ihn ganz haben werde, kann ich

beruhigt die Augen zumachen – oder aber – erst recht leben
und mich freuen. Das werde ich mir noch überlegen.

Ruth Bré.

***

5 Der Aufsatz *Zunächst andere Ehegesetze!* erschien 1911 in dem ehekritischen Sammelband *Ehe? Zur Reform der sexuellen Moral* (S. 177-191), herausgegeben von Hedwig Dohm und anderen *radikalen* Frauenrechtlerinnen. Dieser Sammelband manifestierte die Gegenposition zu dem Sammelband *Frauenbewegung und Ehekritik. Beiträge zur modernen Ehekritik* der wortführenden gemäßigten Frauenrechtlerinnen, die das Institut der Ehe verteidigten.

Zunächst andere Ehegesetze!

Wenn die Frage aufgeworfen wird: „Ist das Verhältnis zwischen Mann und Frau reformbedürftig?", so antworte ich mit einem lauten: „Ja!"

Das Verhältnis zwischen Mann und Frau ist reformbedürftig:

1. um der Frau selbst willen,

2. um des Mannes willen,

3. um der Kinder willen,

4. um des Staates willen.

Dies wollen wir uns einmal ein bischen näher ansehen und klar machen.

Der Sexual- oder Geschlechtstrieb wohnt jedem lebenden Wesen inne. Ihn zu befriedigen, ist ein Naturgesetz, wie essen, trinken, schlafen, atmen (…) ein Naturgesetz ist. Ihn zu befriedigen, ist also ein Bedürfnis für jedes Lebewesen. Ihn in moralischer Weise zu befriedigen, ist das Bestreben des höher entwickelten Menschen.

Das Tier befriedigt den Sexualtrieb sowieso in moralischer Weise. Es macht ihn der Fortpflanzung dienstbar. Es erhält durch ihn die Art. Außerdem übt es Zuchtwahl. Es sucht sich sein Weibchen, es sucht sich sein Männchen nach Gefallen.

So das Tier in Freiheit. Etwas weniger moralisch ist schon – gezwungenermaßen – das Tier in der Gefangenschaft. Das hat keine Wahl. Das muß sich mit dem Tiere paaren, das der Tierhalter ihm zuführt. Der Tierhalter spielt die Rolle des Heiratsvermittlers.

Nun der Mensch.

Der Mensch, der Zuchtwahl übt, steht ebenfalls im Punkte „sexuelle Moral" am höchsten. Beim Menschen nennt man die Zuchtwahl gewöhnlich „Liebe". Die Zwei, die sich zueinander hingezogen fühlen bis zur sexuellen Vereinigung, die einander also wählen zu einer vollen Lebensgemeinschaft, die lieben einander.

Nun kehren wir einmal den Satz um: dürfen zwei Menschen, die einander lieben, sich zu einer vollen Lebensgemeinschaft zusammenschließen, also sexuell vereinigen? Dürfen sie sich fortpflanzen? Kinder bekommen?

Der Mann darf's ohne weiteres. Die Frau darf's nicht ohne weiteres.

Der Mann darf's in der Freiheit, die Frau darf's nur in der Gefangenschaft. Diese Gefangenschaft für die Frau heißt: gesetzliche Ehe.

Damit ist das Naturrecht der Frau eingeengt, ihre freie Menschenwürde ist untergraben. Damit ist ihre Liebe und ihre sexuelle Hingabe ihres höchsten Wertes beraubt. Denn sie ist nicht mehr das Geschenk einer aufrechten, starken Persönlichkeit, sondern der pflichtmäßige Tribut einer Gefangenen.

Wie kann man die gesetzliche Ehe eine Gefangenschaft für die Frau nennen?

Weil sie ihr die Freiheit nimmt, weil sie ihr den vollen Persönlichkeitswert nimmt, weil sie ihr ihren Namen und das Recht der Selbstbestimmung nimmt, weil sie ihr die Verwaltung und Verfügung über ihr Vermögen nimmt, weil sie die Frau unmündig macht und unter die Vormundschaft des Mannes stellt. –

Um also ein sogenanntes „moralisches Sexualleben" zu führen, um zur höchsten Vollendung des Weibes, zur Mutterschaft, zu gelangen, muß die Frau sich als Persönlichkeit vorher entmündigen lassen.

Das ist bis heute der einzige „sexuell moralische" Weg für die Frau. –

Ich gehe hierbei garnicht auf die Qualität des jeweiligen Mannes ein. Ich gehe auch nicht auf den Umstand ein, daß die gesetzliche Ehe häufig aus ganz anderen Motiven geschlossen wird, als aus Liebe alias Zuchtwahl, – aus Motiven, wie sie etwa aus den Zeilen erhellen:

„Die Ehe wird im Himmel nicht geschlossen,

„Und Liebe bindet nicht das Ehepaar,

„Das sich vereint zu ew'gem Lebensbunde.

„Vermögen, Stellung, hohe Konnexionen,

„Familie, Rang und Stand, – das sind Faktoren,

„Durch die man Jugend heut zusammen gibt,

„Auch „Einheirat" ist letzthin sehr beliebt. –

„Du siehst, o Zeus, die Liebe ist im Schwinden

„Wir müssen uns wohl in das Faktum finden*).[10]

Also auch von denjenigen rede ich nicht im speziellen, die nach den hier „im Himmel" erörterten Methoden zusammenkommen, – sondern ich stelle einfach die Tatsache fest: „Die mündige, sich selbst erhaltende, für sich selbst verantwortliche Frau muß sich entmündigen lassen, muß ihren ganzen Persönlichkeitswert im gesetzlichen Sinne aufgeben, wenn sie „auf moralischem Wege" ein Sexualleben führen und Mutter werden will.

Diese Art von „sexueller Moral" halte ich für im höchsten Grade unmoralisch und eine Reform daher für dringend geboten.

Dr. Anita Augspurg hat vor Jahren einmal geäußert: „eine Frau, die Selbstachtung besitzt, kann eine gesetzliche Ehe nicht eingehen". Dieses Wort ist ihr sehr verübelt worden. Ich glaube, Dr. Augspurg hat ihren Ausspruch in dem Sinne gemeint, wie ich es soeben ausgeführt habe: eine Frau, die sich selbst achtet, kann den erlaubten Sexualverkehr und das Recht auf Mutterschaft nicht durch vorangehende gesetzliche Entmündigung erkaufen.

Man denke hierbei auch an die Kinder. Die Kinder, die von einer „unmündigen" Mutter erzogen werden sollen, die garnicht die

---

[10] *) Aus „Im Himmel", Manuskript von Ruth Bré.

elterliche Gewalt über sie hat. (§1707 des bürgerlichen Gesetzbuchs.)

Was bleibt also zu tun?

Welche Reformen sind möglich?

Es gibt zwei Wege: Freie Ehe oder Aenderung der gesetzlichen Ehe.

Ueber die freie Ehe habe ich mich wiederholt ausgesprochen. Ich möchte daher hier über Aenderung der gesetzlichen Ehebestimmungen sprechen und zwar aus dem Grunde, weil der Mann diesem Modus mehr zuneigt als der freien Ehe. Ich habe in den letzten Jahren die Erfahrung gemacht, daß der Mann sehr wohl die berechtigten Forderungen der Frau versteht und ihnen gern Rechnung tragen möchte. Nur eins will er nicht. Freie Ehe will er nicht. Er will geheiratet sein! Er will nicht „nur geliebt" und dann „sitzen gelassen" werden. Er will geheiratet sein.

Also hätte man durch die Forderung der „freien Ehe" etwas Merkwürdiges erreicht. Der Mann will heiraten. Richtig und gesetzlich!

Was doch manchmal für ungeahnte Dinge herauskommen!

Der Mannesstolz sträubt sich dagegen, „nur geliebt" und dann verlassen zu werden, ein Schicksal, das die Männer den Frauen tausendmal bereitet haben. –

Der Mann will aber nicht „sitzen gelassen" werden. Eher ist er zu allen möglichen Reformen der gesetzlichen Ehe bereit.

Ganz reizend hat sich dieser Charakterzug an einigen – und nicht den schlechtesten Männern – mir enthüllt. Ganz reizend. Manche gaben sich ein bischen wie hilflose, große Jungen. Aber ganz reizend.

„Nicht sitzen lassen" soll man sie. Das verträgt sich nicht mit der männlichen Würde.

Einer, der durchaus geheiratet sein wollte, rief in hitzigem Wortgefechte der Dame seines Herzens einmal zu: „Sonst bekommen Sie kein Kind!"

Sehr richtig! Wenn sie ihn nicht heiratet, bekommt sie kein Kind.

Ist das nicht allerliebst? Könnte man so einem lieben Kerl nicht gleich um den Hals fallen?

Und das war nicht etwa ein Mann, der um materieller Vorteile willen durchaus die Frau hätte heiraten wollen. Es war kein Mitgiftjäger. Im Gegenteil: er besaß etwa dreimal so viel Einkommen als die Frau. Also – reine Liebe, – aber Mannesstolz!

Man muß sich freuen, wenn man solchem Mannesstolze begegnet. Und wenn die Befürwortung der „freien Ehe" von seiten der Frau den Mannesstolz in dieser Weise aufgerüttelt hat, dann muß man sich doppelt freuen, diese Kurve gemacht zu haben. Denn jetzt werden vielleicht Männer und Frauen vereint d a s erreichen, was die Frauen allein noch nicht erreicht haben, nämlich A e n d e r u n g d e r E h e g e s e t z e in der Weise, daß die gesetzliche Ehe für die

Frau keine Erniedrigung und Entmündigung mehr bedeutet, und daß sie von keins von beiden Ehegatten eine Gefangenschaft ist. –

Just in diesen Tagen erhebt sich eine Männerstimme gegen die Ehegesetze in der gegenwärtigen Fassung und für eine Reform.

Es ist die Stimme eines Juristen. Diesen Juristen wollen wir gleich festnageln.

Er heißt Dr. Neustadt und ist ein Berliner Rechtsanwalt. Er hat ein Werk geschrieben: „Kritische Studien zum Familienrecht, Band I Eherecht." (Verlag Karl Curtius, Berlin.)

Ueber dieses Buch referiert Justizrat Dr. Korn in der Zeitschrift „März". Dieses Referat und noch mehr das Buch wird für die Gesetzesmacher sehr lesenswert sein.

Es ist gut, daß einmal ein Mann sagt, was dort gesagt ist. Wir Frauen haben es ja schon oft genug gesagt. Ich selber habe drei Bücher darüber geschrieben. Etwas hat's genützt. Viel nicht. Aber jetzt kommt ein Mann, gar ein Jurist. Wollen wir einmal sehen, was dieser schafft.

Dr. Neustadt will zunächst der Frau in der Ehe gerecht werden durch ihre völlige Gleichstellung mit dem Manne im Güter- und Vermögensrecht.

Einverstanden!

Wahrscheinlich wird er überhaupt die Frau nicht entmündigt sehen wollen, sondern für volle Gleichstellung mit dem Manne als Persönlichkeit eintreten (auch hinsichtlich der elterlichen Gewalt usw.).

Zu dem von Dr. Neustadt erwähnten Punkte verlangen wir, daß die Frau volle Geschäftsfähigkeit behält, daß sie zum Abschluß irgend welcher Geschäfte oder Verträge, die auf i h r e Person lauten, nicht der Erlaubnis oder Mitwirkung ihres Mannes bedarf. Dazu gehört, daß sie ihren Namen behält, nicht den des Mannes annimmt. Denn wir haben es z. B. öfters erlebt, daß sogar unter den führenden Frauen eine oder die andere äußerte: „Ja, ich kann meinen jetzigen Namen nicht unter diesen Aufruf oder jene Resolution setzen, denn es ist der Name meines Mannes, und der ist Regierungs-Assessor oder Polizei-Hauptmann. Ja, wenn's mein Mädchenname wäre, den könnte ich geben."

Schön!

Eben darum soll die Frau bei der Eheschließung ihren Namen behalten, nicht den des Mannes annehmen, damit sie nicht in ihrer freien Beweglichkeit behindert ist. Es gibt ganz sicher eine Anzahl Frauen, die Rücksicht auf die abhängige Stellung ihrer Männer nehmen müssen. Aber eben diese Frauen dürfen in ihrem Persönlichkeitswert und in ihrer Tätigkeit nicht beeinträchtigt werden durch den Namen ihres Mannes, sondern sie sollen für ihre Handlungen mit ihrem eigenen Namen eintreten, wie sie vor ihrer Verheiratung mit ihrem eigenen Namen eingetreten sind.

Eine Frau, die in unverheiratetem Zustande Marie Schneider geheißen hat, soll in verheirateten Zustande weiter Marie Schneider heißen. Wenn sie die Zusammengehörigkeit mit ihrem Manne irgendwie zum Ausdruck bringen will, so kann sie ja in „nicht gefährlichen Fällen" schreiben: „Marie Schneider verehelichte Ritter."

In „gefährlichen Fällen" genügt, um den Mann nicht zu kompromittieren, „Marie Schneider" allein. (Z. B., wenn sie auf die Anklagebank muß wegen Beleidigung durch die Presse oder so.)

Hiermit im Zusammenhange steht auch die schon oft erhobene Forderung, die mündige Frau mit „Frau" anzureden, mündlich und schriftlich, behördlich und privatim, verheiratet oder nicht verheiratet. Eine vollwertige Persönlichkeit hat auch das Recht, als solche angesprochen zu werden.

Man hat eben bis jetzt die Frau nicht als „vollwertige Persönlichkeit" angesehen, sondern immer nur in ihrem Verhältnis zum Manne. Wenn sie einen hat, heißt sie „Frau", – wenn sie einen gehabt hat, „Witwe" oder „geschiedene Frau", – wenn sie keinen gehabt hat „Fräulein", und wenn sie 90 Jahre alt ist.

Der Mann aber heißt „Herr", – ob er nun eine Frau hat, gehabt hat oder nicht gehabt hat. Bei ihm macht man solche rein auf das Geschlechtsleben bezugnehmende Unterscheidungen nicht. Es ist die höchste Zeit, daß die Frau ihrerseits sich das verbittet und – sobald sie mündig ist – die Anrede „Frau" fordert. –

Um auf die Form oder die Formalitäten der gesetzlichen Eheschließung zu kommen, so spricht sich Dr. Neustadt gegen die staatlich reglementierte Eheschließung und Ehescheidung aus und erklärt eine einfache Registrierung für ausreichend.

Einverstanden!

Im übrigen bezeichnet er die Ehe als „Individualvertrag, beruhend auf freier Uebereinkunft dahin, zeitweilig eine volle Lebensgemeinschaft zu führen."

In diesem „zeitweilig" liegt schon die Möglichkeit einer Ehescheidung, und zwar einer leichten Ehescheidung, wieder durch Individualvertrag, dessen Ergebnis der Staat nur zu registrieren hat.

Einverstanden!

Gerade in der leichteren Ehescheidung liegt eine bedeutende Handhabe für sexuelle Reform.

Die Frau, die heute einen Trunkenbold, einen Lüderjahn, einen brutalen oder – was sehr häufig vorkommt – einen perversen Mann hat, kann ihn loswerden, ohne daß sie mit ihren Kindern in den Mühlteich zu gehen oder sich zu erhängen braucht, was heute fast der einzige Weg zur Erlösung für sie ist.

Alle Zeitungen melden solche Fälle. Nirgends findet solch' ein armes Weib Hilfe. Nicht beim Pfarrer, nicht beim Bürgermeister, nicht beim Rechtsanwalt, nur im Mühlteich. So geschieht's allerorten. Man braucht nur Zeitungen in die Hand zu nehmen.

Und mit solch' einem Kerl soll die Frau leben, auch s e x u e l l leben, wenn er die gierigen Tatzen nach ihr ausstreckt? Ist das „sexuelle Moral"?

Gibt's davon nur Erlösung nur im Mühlteich?

Nicht in der Registratur des Standesamts?

Kann die Frau nicht einfach hingehen und in solchem Falle auch nur mit ihrem einseitigen Willen die Löschung ihrer Ehe beantragen?

Der Mann wird natürlich in solchem Falle seine Zustimmung nicht geben, denn ihm ist es ja bequem, immer wieder einmal nach Hause zu gehen und die Stube auszuräumen, wenn die Frau inzwischen etwas verdient und geschafft hat. –

Dr. Neustadt meint, der Staat werde dem ethischen und sozialen Wert der Ehe nicht gerecht, wenn er Trunkenbolde, mit Seuchen Behaftete und sonst für die Ehe untaugliche verheirate oder zu verheiraten gestatte.

Einverstanden!

Wenn aber der Staat einen so für die Ehe untauglichen Menschen verheiratet hat, so muß er auch auf einseitges Verlangen – auf Verlangen des betrogenen Teils – ohne weiteres und rasch die Ehe scheiden!

Aber selbst wo solch' schwere und grobe Scheidungsursachen nicht vorliegen, aber doch innere Gründe, die den Ehegatten das weitere Zusammenleben unmöglich machen, soll die Willenserklärung beider Parteien oder auch nur der betrogenen Partei allein genügen, um die Streichung aus dem Eheregister zu bewerkstelligen. –

Auf diese Weise bedeutet die gesetzliche Ehe nicht mehr eine Gefangenschaft für beide Teile. Denn selbstverständlich muß dem Mann dasselbe Recht werden wie der Frau. Selbstverständlich kann auch der Mann die Auflösung einer Ehe dringend wünschen, kann auch er die Unmöglichkeit empfinden mit seiner Frau weiter zu leben. Und es ist ebenso unmoralisch, einem Manne zuzumuten, eine nicht mehr geliebte Frau zu umarmen wie umgekehrt.

Leichte Ehescheidung ist also auch nötig um den Mannes willen.

Außerordentlich wird ja eine Scheidung vereinfacht, wenn eine vermögensrechtliche Verquickung nicht mehr stattfindet, sondern jederzeit selbstständig bleibt.

Ganz besonders wünschenswert ist die erleichterte Scheidung um der Kinder willen. Ein erzwungenes Zusammenleben der Eltern, wenn sie nicht mehr zusammenleben können, wirkt nicht nur unmoralisch auf die Eltern, sondern auch unmoralisch auf die Kinder. Man denke an das Leben im Hause Herberich und in hundert anderen Häusern. Man denke, daß Mann und Frau am Tage sich zanken oder schlagen, in der Nacht aber zusammenleben.

Welche „sexuelle Moral" wird da mit den Kindern groß?

Und welchen Gewinn hat der Staat aus der erschwerten Ehescheidung?

Unglückliche Familien, Krankheiten, zerrüttete Vermögensverhältnisse, Morde, Selbstmorde, Prozesse, Kosten für die Staatskasse. Vergiftete Kinder, also eine neue vergiftete Generation.

Was hätte aber der Staat von einer erleichterten Ehescheidung?

Sichtung und Ausscheidung der für die Ehe nicht Geeigneten, – ruhiges und friedliches Entwickeln der durch Scheidung wieder ins Gleichgewicht kommenden Männer und Frauen – ruhiges und gesundes Entwickeln der Kinder.

Wenn man die „sexuelle Moral" reformieren will, dann ist erleichterte Ehescheidung ein Hauptmittel.

Zum Vergnügen wird sich niemand scheiden lassen. Mancher und manche ist so zufrieden mit „ihrem Alten" mit „seiner Alten", daß sie miteinander und Hand in Hand am liebsten ins Himmelreich gehen möchten. Eine 70jährige Dame sagte: „Ich würde meinen Mann wieder heiraten, so glücklich hat er mich gemacht."

Nun noch ein wichtiger Punkt, der allerwichtigste:

Die Kinder.

Die Kinder dürfen nicht leiden in diesen Uebergangszeiten. Für die Kinder muß der Staat durch Gesetz sorgen. Die Kinder sind seine Zukunft. Jedes geborene Kind ist ein Staatsbürger. Für jeden geborenen Staatsbürger muß der Tisch gedeckt sein.

Der Minister des Innern will jetzt ein Gesetz zustande bringen, die Nährväter, d. h. die Unterstützungspflichtigen betreffend.

Ich habe mir auch einen Plan aufgestellt, wie das möglich ist, wie für jeden geborenen Staatsbürger der Tisch gedeckt sein kann.

Ich kann diesen Plan hier nicht ausführen, denn das wäre ein zweiter Aufsatz. Nur andeuten will ich ihn. Denn der Inhalt aller sexueller Moral ist das Kind. Und man kann „sexuelle Moral" nicht reformieren, ohne das Kind zu sichern. Nach den heutigen Gesetzen ist es nicht gesichert.

Und auf dem Aussterbeetat der Nation durch verhütete Mutterschaft oder bei der Homosexualität auch für das weibliche Geschlecht wollen wir mit unserer „sexuellen Moral" doch nicht landen.